# 소리가 보이는 영어

개정판

*Acknowledgements*

We wish to thank the following for their great contributions and encouragement in making the *'English of Visible Sound'*.

**소리가 보이는 영어**

# English of Visible Sound

저자 Philip Shin
인쇄 2024년 9월 30일 (Revised Version)
발행인 Geumsoon Yun
편집 Halakh Kim
녹음 Jacquelyn Hyerin Kim
발행처 ALLTHATHERB
등록 2018년 10월 8일 제2018-000005호
주소 경상북도 구미시 구미중앙로21길 4
전자우편 herbfarm03@naver.com
대표전화 (054)442-1763



값은 뒤표지에 있습니다. **ISBN** 979-11-977454-3-0 13740

**※ 개정판 음성파일은 안드로이드폰 '올댓허브' 앱에서만 가능합니다. 아이폰일 경우 www.corpusenglish.com 모바일 웹 또는 https://www.allthatherb.co.kr/에서 '소리가 보이는 영어'를 검색하시면 소리파일을 다운로드하실 수 있습니다.**

올댓허브

# English of Visible Sound

*offers accuracy and high effectiveness.*

Revised Version

**Philip Shin**

**ALLTHATHERB**

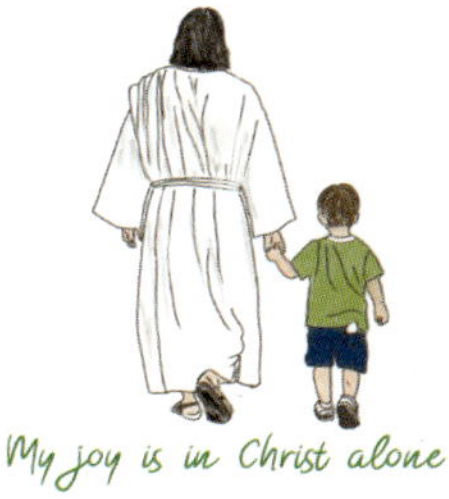
My joy is in Christ alone

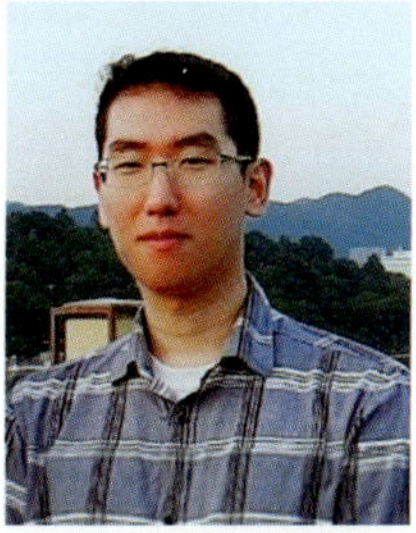
Philip Shin

# A guide to speaking and pronouncing colloquial American English

## 1. Amazing phonetic transcriptions written in Korean
한국어로 쓰여진 놀라운 음성 표기

'English of Visible Sound' is a book that contains the authentic pronunciation of colloquial American English. The most useful feature of this book is that it provides precise Korean phonetic transcriptions of American pronunciations at the bottom of each phrase. Here, you will find detailed explanations on 'vowelized vocalization with retroversion' and 'sentence stress' to help learners pronounce English as accurately as native speakers. You will be amazed at how effectively this book can assist you in learning English.
'소리가 보이는 영어'는 미국 구어체 영어의 정통 발음을 담은 책입니다. 이 책의 가장 유용한 특징은 각 구문 하단에 미국식 발음이 정확히 한국어 음성 표기로 적혀 있다는 점입니다. 여기서는 학습자가 원어민처럼 정확하게 영어를 발음할 수 있도록 '모음 후굴화 발성'과 '문장 강세'에 대해 자세히 설명합니다. 이 책이 영어 학습에 얼마나 효과적으로 도움이 될 수 있는지 놀라게 될 것입니다.

## 2. The neuroplasticity of language acquisition
언어 습득의 신경 가소성

When learning a language, you usually learn by reading, writing, listening, and speaking simultaneously. However, this is a bit out of sync with our brain structure. This is because our brain will never be able to learn another language if we acquire it consciously. Reading, writing, and speaking are not that important in the beginning. These are the words of Stephen Krashen, the world's leading linguist. The link between neuroplasticity and language acquisition has been well-documented in the literature. Evidence suggests that learning a language and using multiple languages induce changes in brain anatomy. These changes include the pattern of functional neurons and can occur rapidly and at any age.
언어를 배울 때 보통 읽기, 쓰기, 듣기, 말하기 등을 총체적으로 배운다고 알고 있습니다. 그러나 이는 우리의 뇌 구조에서 조금 어긋납니다. 우리의 뇌는 의식적으로 진행하면 절대 다른 나라 언어를 습득할 수 없습니다. 읽기, 쓰기, 말하기는 초기에 그리 중요하지 않습니다. 이는 세계 최고의 언어학자 스티븐 크라센의 말입니다. 신경가소성과 언어 습득 사이의 연관성은 문헌에 잘 문서화되어 있습니다. 증거에 따르면 언어를 배우고 여러 언어를 사용하면 뇌 구조가 변화됩니다. 이러한 변화에는 기능적 뉴런의 패턴이 포함되며 모든 연령에서 빠르게 발생할 수 있습니다.

While plasticity occurs throughout a person's lifetime, certain types of changes are more predominant at specific ages. The brain tends to change a great deal

during the early years of life, for example, as the immature brain grows and organizes itself. Plasticity in the young brain is very strong as we learn to map our surroundings using the senses. As we grow older, plasticity decreases to stabilize what we have already learned. This stabilization is partly controlled by a neurotransmitter called Gamma-aminobutyric acid (GABA), which inhibits neuronal activity. But Andrew, a neuroscientist and tenured professor of neurobiology at Stanford University School of Medicine, specializes in neuroplasticity, the brain's ability to reorganize and repair itself by forming new neural connections throughout life.
신경 가소성은 평생 동안 발생하지만 특정 유형의 변화는 특정 연령에서 더 두드러집니다. 예를 들어, 미성숙한 뇌가 성장하고 스스로 조직됨에 따라 뇌는 생애 초기에 많은 변화를 겪는 경향이 있습니다. 감각을 사용하여 주변 환경을 지도화하는 방법을 배우면서 어린 뇌의 가소성은 매우 강합니다. 나이가 들수록 이미 배운 내용을 안정화하기 위해 가소성이 감소합니다. 이러한 안정화는 신경 활동을 억제하는 감마아미노부티르산(GABA)이라는 신경전달물질에 의해 부분적으로 제어됩니다. 하지만 신경과학자이자 스탠포드 대학교 의과대학의 신경생물학과의 종신 교수인 앤드류는 신경 가소성 상태에서 일생 동안 새로운 신경 연결을 형성함으로써 스스로를 재구성하고 회복하는 뇌의 능력을 전문적으로 다룹니다.

## 3. Neuroplasticity principle
신경 가소성 원리

For adults, gradual learning is essential. You shouldn't learn a lot in one go. The plasticity of the brain can be achieved by gradually improving on errors.
성인은 점진적인 학습이 무조건 필수입니다. 한번의 학습으로 많은 것을 배우면 안됩니다. 오류를 점진적으로 개선함으로써 뇌의 가소성을 얻을 수 있습니다.

One thing to be careful of is that you shouldn't try to fix a lot of errors at once - it confuses the brain.
주의할 점은 많은 오류들을 한꺼번에 개선하려 하면 안된다는 것입니다. 뇌에 혼동을 줍니다.

## 4. Neuroplasticity as a function of second language learning
제2언어 학습의 기능으로서의 신경 가소성

The acquisition allows us to use language intuitively, with less attention to grammatical rules. That is why native speakers use their mother tongue with no apparent effort. When there is enough unconscious input, language becomes uttered naturally.
습득을 통해 우리는 문법 규칙에 덜 주의를 기울이면서 언어를 직관적으로 사용할 수 있습니다. 이것이 바로 원어민들이 별다른 노력 없이 모국어를 사용하는 이유입니다. 무의식적인 인풋이 충분할 때 자연적으로 발화가 됩니다.

Let's make images and listening happen simultaneously.
이미지와 듣기가 동시에 일어나도록 합시다.

When images and listening are repeated endlessly, our brain unconsciously creates a core.
이미지와 듣기가 무한 반복으로 진행될 때 드디어 우리의 뇌가 무의식적으로 핵을 만들게 됩니다.

One of these methods is based on the principle of neuroplasticity, which involves focusing on repeatedly watching videos with minimal content.
이 방법 중 하나는 신경가소성 원리에 기반을 둔 것으로, 용량이 매우 작은 동영상을 집중적으로 반복하여 시청하는 것입니다.

Therefore, after understanding the principles of sound in 'English of Visible Sound' first, listen to each unit (English Immersion) intensively about 10 times.
그러므로 '소리가 보이는 영어'에서 소리의 원리를 먼저 이해한 후, 각 단원을 (영어 집중학습을 통해) 대략 10회 정도 집중적으로 듣습니다.

Watch the video of that unit about 500 times.
그 해당 단원 비디오를 500회 정도 시청합니다.

Then proceed to the next unit.
그 다음 단원으로 진행합니다.

# <Graphical Symbol for Pronunciation>
기호설명

An accent is a specific emphasis on something, typically the stress or emphasis placed on a word. For example, pronounce the word 'chocolate' with the accent on the first syllable: /**CHOColate**/. The letters marked in red (**CHOC**) indicate where the stress falls in speech. The term "accent" comes from the Latin word accentus, meaning "the intonation of singing." We use accents to emphasize different parts of speech.
문장의 빨간색 알파벳은 stress 강세를 의미합니다.

The sound /'buk/ is pronounced with a short sound. The word 'book' is an The sound /'buk/ is pronounced with a short sound. The word 'book' is an example of a voiceless plosive sound. Voiceless plosives in English are often pronounced with a puff of air.
/'븍/은 무성음 파열음의 예입니다.

Listen here

# Table of Contents

Chapter 01

◆

# MUST READ

필독

# 01 Chapter 1. MUST READ

American Accent Training

This book aims to present several tips for learning English easily.
이 책에서는 영어를 쉽게 배울 수 있는 몇 가지 비법을 보여주고자 합니다.

## Secret number one

English is a heavily stress-based language. Fluent English speakers use word stress to communicate rapidly and accurately, even in difficult conditions.
영어란 강세를 많이 받는 언어입니다. 유창한 영어 사용자는 단어 강세를 사용하여 어려운 상황에서도 빠르고 정확하게 의사 소통합니다.

## Secret number two

In spoken English, words are often pronounced together without space between words. Linking can help your speaking and listening.
구어체 영어에서 단어는 종종 단어 사이에 공백 없이 함께 발음됩니다. 연결하면 말하기와 듣기에 도움이 될 수 있습니다.

Linking happens when the end of one word blends into another. When the last sound of a word is a consonant and the first sound of the next word is a vowel, like in the example below, you get linking.
연결은 한 단어의 끝이 다른 단어와 혼합될 때 발생합니다. 아래 예와 같이 단어의 마지막 소리가 자음이고 다음 단어의 첫 소리가 모음일 때 연결이 됩니다.

A lot of animals are in the zoo.
얼라러v붸님얼rz잘r인더z주

You won't hear native speakers say 'a lot of' separately. It would sound a little unnatural. Instead, most people push these words together and say them like a single word: /alatuv/. There's a big difference—don't have any breaks between them. Often in English, when one word ends with a hard consonant like 'f' and the next word begins with a vowel, such as 'animal', they will combine together. It will sound like /vanimal/.
원어민이 'a lot of'라고 따로 말하는 것을 듣지 못할 것입니다. 약간 부자연스럽게 들릴 것입니다. 대신, 대부분의 사람들은 이 단어들을 함께 밀어서 하나의 단어인 'alatuv'처럼 말합니다. 큰 차이가 있습니다. 분절을 취하지 마십시오. 종종 영어에서 한 단어가 'f'의 딱딱한 자음으로 끝나면 다음 단어는 모음 'animal'로 시작하여 함께 결합됩니다. 'f'가 아닌 'v'로 부드러워지면 'vanimal'처럼 들릴 것입니다.

**Secret number three**
Collocations indeed play a crucial role in language use. They are not strict grammar rules but rather patterns of words that naturally go together in a language. Understanding collocations helps us sound more natural and fluent when speaking or writing. For instance, "Do the dishes" is a collocation where "do" and "dishes" frequently occur together in English. Learning collocations can enhance your language skills by making your speech and writing more idiomatic and intuitive.
연어는 실제로 언어 사용에 중요한 역할을 합니다. 이는 엄격한 문법 규칙이 아니라 언어에서 자연스럽게 어울리는 단어의 패턴입니다. 연어를 이해하면 말하거나 쓸 때 더 자연스럽고 유창하게 들리는 데 도움이 됩니다. 예를 들어, "Do the dishes"는 영어에서 "do"와 "dish"가 함께 자주 나타나는 연어입니다. 연어를 학습하면 말하기와 쓰기를 더욱 관용적이고 직관적으로 만들어 언어 능력을 향상시킬 수 있습니다.

**Secret number four**
These pronunciation lessons focus on American English, offering detailed explanations of 'vowelized vocalization with retroversion' and 'sentence stress' to assist learners in accurately pronouncing English like native speakers.
이곳에서 제공하는 발음 레슨은 미국 발음으로 '후굴 모음화 발성' 및 '문장 강세'에 대한 자세한 설명을 통해 학습자가 영어를 원어민처럼 정확하게 발음할 수 있도록 도와줍니다. (Jesus /쥐이저어ㅅ/, alone /얼오운/, Holy /호오울리이, 헐리이/)

For her lover was a river boy from the river in the pines.
f뻐럴러v뷜r워z저r위v뷜r보이 f뻐뤔더r위v뷜r인th더파인z즈

This book will significantly aid you in learning English, helping you gain confidence and enjoy speaking the language.
이 책이 당신의 영어 학습 과정에 어떻게 효과적으로 도움이 되는지 놀라게 될 것입니다. 자신감을 얻고 영어 말하기를 즐기세요.

# 01 <Examples of English Pronunciation Principles>
영어 발음 원칙의 예

**1. /I'd/ Pronunciation**

I'd like to introduce my friend Philip.
앋을랔투 (-->앋을랔루), 앋ㄹ랔투 (-->알랔루) 인튜r듀쓰 마 f쁘뤤 f삘맆
보통 /아들라이크투/로 발음하는데, 실제로는 /앋/으로 시작하여 부드러워지는 경향이 있습니다.

**2. /to the/ pronunciation**

I need to go to the bathroom. /아니루고루드뺕th룸/
I'll walk you to the door. /알ㄹ웤유 루러돌r/
많은 사람들이 'to' 옆 'the /th드으/'를 치간음으로 발음합니다. 그러나 'to'는 치조음이므로 치조음이 치간음에 영향을 주어서 입이 닫힌 상태에서 이빨이 만나는 곳 바로 뒤에서 매우 약한 'd /드으/'음이 됩니다.

**3. /of the/ pronunciation**

I'm on the top of the world. /아먼더 탑뻐(th)더월ㄹ  or 타퍼v으월ㄹ /
'of /읖v으/'는 보통 앞모음 때문에 앞으로 당겨 발음되며, 'the'는 이빨이 만나는 곳 바로 뒤에서 치간-치조음이 되는 경향이 있습니다.
rest of the /퉤-슽떠더 or 퉤-슽떠읃/
day of the /데이어더/
minute of the /미너러더/

/of/ 다음에 자음, 모음, the가 올 경우의 발음

First example: It's one of my favorites. /잇춰너마f뻬v벋츠/
첫 번째 예: 그것은 제가 가장 좋아하는 것 중 하나입니다.
여기서 우리는 v음을 생략한 소리를 들을 수 있습니다. 다음 단어가 자음으로 시작하는 경우 v음이 삭제될 수 있습니다.

Second example: A lot of animals are in the zoo. /얼라러v붸님얼rz잘r인더z주/
두 번째 예: 동물원에 많은 동물이 있습니다.
여기서 of 뒤의 단어는 모음으로 시작하므로 v음은 생략하지 않습니다. 끝 v음을 다음 단어의 시작으로 생각합니다. 따라서 'animals' 대신 'vanimals', 'uh-vanimals'가 됩니다.

Third example: 'of them'
이 단어 세트는 두 가지 다른 방법으로 줄일 수 있습니다. uh-vm[어v븜] 또는 [어th뎀]이라는 소리가 나게됩니다.

## <Pronunciation Guide>

* /to the/
For now, we'll discuss how to reduce and link the words "to" and "the" together in a sentence, like this: First, it's important to note that there's no need for any significant movement of the lips or jaw; this can be articulated primarily with the tongue. The word "to" can be reduced to either a true T-schwa sound or a flap T-schwa sound. Next, when forming the TH sound in "the," there's no need to push the tongue all the way through the teeth. Instead, you can simply position it just behind where the teeth come together, ensuring a smooth and efficient articulation. To make the word 'the' TH sound quite quickly, sometimes you don't put the tongue in between the teeth. It can touch just behind the teeth. 'The' is pronounced like [di] when the next word starts with a vowel sound.
'to the example' [t-di(thi)-ig-zam-pl]

* /of the/
When Americans pronounce "of the" quickly in casual speech, it often sounds like "uhv thuh." The "of the" blends together, making it sound more like a single unit rather than separate words. For "thuh": The tongue is positioned close to the roof of the mouth but not touching it. The tip of the tongue lightly touches or is just behind the upper front teeth to produce the "th" sound.
'name of the book'
[naym-uh-duh(thuh)-buk]

* /of/
This gift of love and righteousness
th디쓱끼f뿥떠v블러v뷀뢑쳐쓴이쓰

The wrath of God was satisfied.
th더뤨th떠갇 워쌔리쓰f빠읻

Light of the world by darkness slain.
을라이러더월ㄹ바닭끈이쓸레인

Bought with the precious blood of Christ
밭윋th떠프뤠셔쓰블러더크롸이씉

This is the power of Christ in me.
디씯더파월r어크롸이씉은미

No power of hell, no scheme of man
노파월r어v뷀ㄹ, 노쓱낌어맨

Here in the power of Christ I'll stand.
히r륀더파월r어크롸이씉딸ㄹ씉앤

She's the best friend of the family.
쉬씉더베쓰f쁘뤤어더f뻼을리

One of my best friends
워넘마베쓰f쁘뤤z즈

A piece of bread
어피써브뤧

Love of my life
을러v뷤말라이f쁘

Chapter 02

# BASIC EXPRESSIONS

기본 표현

# 02 Chapter 2. BASIC EXPRESSIONS

BE-001

**It's one of the best videos I've seen.**

그것은 내가 본 최고의 비디오 중 하나입니다.

**잇춰너더th'베쓷v븨디오z잽v씬.**

'of'와 'the'가 합쳐지면 'of'에서 'v' 소리를 생략할 수 있습니다. /uh-thuh/라고 들릴 수 있습니다.

BE-002

**It's one of my favorites.**

그것은 제가 가장 좋아하는 것 중 하나입니다.

**잇췬엄마f뻬v벋츠.**

'of' 뒤에 자음이 오면 'v' 소리를 생략해도 됩니다.

BE-003

**A lot of animals are in the zoo.**

동물원에는 많은 동물들이 있습니다.

**얼라러v붸님얼rz잘r인너z주.**

'of' 뒤에 모음음이 올 경우에는 'of' 뒤의 단어로 연결해야 합니다. /uvanimal/처럼 들릴 것입니다.

BE-004

**I loved every minute of the film.**

나는 그 영화의 매 순간을 사랑했다.

**알럽v뗍v위이미닏어th더f쀔.**

BE-005

**For her lover was a river boy from the river in the pines.**

그녀의 애인은 소나무 숲의 강에서 온 강가 소년이었습니다.

**f뽀럴러v뷜r워z저r위v뷜r보이 f쁘뤔더r위v뷜r인th더파인zㅈ.**

BE-006

**This is my Father's world.**

이곳은 하나님의 세계입니다.

th디씨z즈마f빠th럴rz줠r.

BE-007

**I'd like to propose a toast.**

건배를 제의하고 싶어요

앋을락루폴r포z져토씉.

BE-008

**I'll have to think about it.**

그것에 대해 좀 생각해 봐야겠어요.

을랩v루th띵빠릳.

'have'는 단어에 강세가 없으면 'h' 소리를 잃는 경향이 있습니다.

BE-009

**I'll think about it.**

그것에 대해 생각해 보겠다.

을ㄹth띵빠릳.

BE-010

**Can I get a large coffee, please? With cream and sugar.**

커피 큰 거로 한 잔 주시겠어요? 크림과 설탕도 함께요.

캐나게럴랄쥐커엎f삐이플이z즈? 윜크륌앤슈걸r.

BE-011

**Could you make me four copies of those?**

그것들을 네 장 복사해 주시겠어요?

크듀멩미f뽈r캎이z져th도z즈?

'S'가 두 모음 소리 사이에 있으면 부드러운 'z' 소리가 됩니다. 'copies'라는 단어는 'of'와 연결되어 'copizuh'로 발음됩니다.

BE-012

**family**

가족

f뼴을리

# 02

영어 원어민은 'i'를 전혀 발음하지 않고 family를 [fam-lee]라고 말하는 경향이 있습니다. 두 개의 음절이 있습니다. family를 발음하는 또 다른 방법이 있는데, /fam-uh-lee/처럼 들립니다. 'i'는 'uh'처럼 들립니다. 매우 짧은 소리입니다.

**BE-013**

## vegetable

채소

**v뷀z ㄸ블 ㄹ**

vegetable를 미국 원주민 소리처럼 발음하려면 이 단어를 /veg-tuh-bul/처럼 세 음절로 생각하면 됩니다. 첫 음절에 강세를 두도록 하세요. 그러면 나머지 모음 소리는 약해집니다.

**BE-014**

## interesting

흥미로운

**인텰r씉띵**

영어 단어에는 강세가 있는 음절이 하나만 있습니다. 긴 단어는 이차적인 강세를 가질 수 있지만 항상 훨씬 가벼운 강세입니다.

**BE-015**

## comfortable

편안한

**캄ㄸ블ㄹ**

**BE-016**

## chocolate

초콜릿

**챾을릩**

**BE-017**

## probably

아마

**퐐r블리**

단어가 명사, 형용사, 부사 등 'er' 또는 'ly'로 끝나면 첫 번째 음절에 강세를 두는 것이 일반적인 규칙입니다.

BE-018

**English**
영어
잉ㄱ을잇쉬
li발음: Lily /리일리이/

BE-019

**different**
다른
딮f뻴ㄴ
r발음: victory /뷔익토올이/, battery /베엘터어뤼이/

BE-020

**listening**
듣기
을릿쓴잉

BE-021

**memory**
기억
멤(ㅓ)뤼

BE-022

**traveling**
여행하는
췝v을링

BE-023

**natural**
자연의
냍췰ㄹ

BE-024

**actually**
실제로

# 02 액셜리

BE-025

**restaurant**

레스토랑

렛쓷ㄸ뢴

restaurant은 첫 번째 음절에 강세가 있습니다. 이 소리를 두 음절로 이루어진 단어로 생각해보세요. 이 경우에는 중간부분을 발음하지 않으므로 'au'소리를 생략하시면 됩니다. /rest-rant/처럼 들릴 것입니다.

BE-026

**several**

여러 개의

쎕vr월ㄹ

BE-027

**temperature**

온도

템쁘쳘r

BE-028

**business**

사업

'빛z즌(으)쓰

원어민들은 이 단어를 단 두 음절로만 발음합니다. 일반적으로 두 번째 모음에서 'i' 소리를 건너뛰고 's'는 'z'처럼 들립니다.

BE-029

**everybody**

여러분

엡v위이벋이

'everybody'라는 단어는 한국인에게 5음절 소리인 것처럼 보이지만 그렇지 않습니다. orange 발음처럼 glottal r발음이기 때문에 모음이 생략된 모음 후굴화 현상이 생겨 발음되는 경향이 있습니다.

BE-030

**I appreciate it.**
감사합니다.
**앞플r쎄이릳.**
단어가 'e'로 끝나는 경우 마지막 'e'를 삭제합니다. 'e'가 없는 단어의 마지막 소리와 뒤의 단어를 함께 연결할 수 있습니다.

BE-031

**I'd rather not go shopping now, but I've got nothing in my refrigerator.**
지금은 쇼핑을 안 하고 싶은데 냉장고에 아무것도 없어요.
**압뤠럴낱고샾삥나, 버랍v간나th띵임마뤼f쁠r져뤠이럴r.**

BE-032

**Christmas tree**
크리스마스 트리
**클r쓰멌츄뤼**

BE-033

**winter's snow**
겨울 눈
**윈떨r쓴오우**

BE-034

**summer**
여름
**썸어r/써머r**
영어에서는 이중 자음이 단일 자음과 동일하게 발음됩니다. 여름과 같은 단어를 sum-mer-mer [썸멀r]로 발음하면 안 됩니다. 예를 들면 'apple'이라는 단어에서 'p'를 두 번 발음하지 않습니다. 그러므로 /압ㅃ을ㄹ/과 같아야 합니다. 또한 farmer /f빠암어r/ 처럼 앞으로 당겨지는 발음이어야 합니다.

BE-035

**Now it looks as though they're here to stay.**
이젠 그 괴로움이 여기에 머무르려 하는 것 같아요.
**나윌ㄹ륵씨스도th뒈(나엇 륵씨조데)히얼r더쓰떼이.**

'here' 단어의 'h'는 문장에서 강세가 있는 단어이므로 묵음이 되지 않습니다.

**BE-036**

**Hey, Sharon, I'm going to Starbucks. Do you wanna come along?**

헤이, 샤론, 나 스타벅스에 가는데. 같이 갈래?

**에쉐뤈, 암공루쓰딸r벅쓰, 워너커멀렁?**

미국인들은 'want to' 대신 'wanna'라고 말하는 경우가 많습니다. 't' 소리가 나지 않습니다.

**BE-037**

**What movie do you wanna watch?**

어떤 영화를 보고 싶니?

**웟무v븨유워너왓ㅊ?**

**BE-038**

**I can't watch a movie, I've got a date.**

영화 못 봐, 데이트가 있어.

**아캔왓쳐무v븨 가러데잍.**

**BE-039**

**Hi, do you have any availability for a party of six at 7pm on Friday?**

안녕하세요, 금요일 오후 7시에 6명 예약 가능한가요?

**하이 듀햄니어v붸러빌리디 f뽈r팔r디어씩쌧쎄v븐피엠언f쁘롸이데?**

**BE-040**

**Do you guys know what you'd like?**

너희들 뭐 먹을지 정했어?

**(드)유가z즈노와쥴랔?**

두 모음 사이의 't'는 'd'로 변경됩니다.

**BE-041**

**Ok, I'll have the grilled chicken, and some salad, please.**

네, 구운 치킨과 샐러드 주세요.

**어케 알랩vth덤 그뤌ㄹ췱낀 앤썸쌀런플이zㅈ.**

BE-042

**I'm going to the restaurant.**

나 식당에 가고 있어.

**암공루러뤳씉ㄸ롼.**

'to'에는 강세가 없습니다. 여기서는 't'를 발음할 필요가 없습니다.

BE-043

**Should we get dinner?**

저녁을 먹는 건?

**슈겟디널r?**

BE-044

**Let's give the day of the week a number.**

요일에 번호를 붙여 봅시다.

**을렛츠깁v러데엎더(데얻)윅꺼넘벌r.**

BE-045

**Take the rest of the day off.**

조퇴하세요.

**텍th더 뤠써언(뤠쑈th더)데이엎f.**

BE-046

**I don't think I can go out with her tonight.**

오늘 밤에는 그녀와 데이트할 수 없을 것 같아요.

**아런th띵까킨거앝윋th덜r루나잍.**

BE-047

**You have no idea what I want.**

넌 내가 뭘 원하는지 몰라.

**앱v놔리어 와라원.**

# 02

BE-048

**Do you want me to get the door?**

제가 문을 열까요?

**듀원미루겟th더돌r?**

BE-049

**How do you like being a cop?**

경찰이 되는 게 어때?

**하루율랔빙어캎?**

BE-050

**Hi, I'd like to order three pizzas, please.**

안녕하세요, 피자 세 판 주문할게요.

**하이 앋을랔루올r더th뜨뤼피잇z짜아z 플이zㅈ.**

BE-051

**You gotta get to know him.**

당신은 그를 알아가야 해요.

**유가러겥투노임.**

BE-052

**What do you want to drink?**

뭐 마실래?

**워루유워너듀륑?**

'want to'는 한 단어처럼 'wanna'로 발음하세요.

BE-053

**Can you get me out?**

나 좀 꺼내줄래?

**킨뉴겜미앝?**

'get'의 't'는 문장에서 매우 부드럽게 들리므로 잘 들리지 않습니다. 'me'라는 단어와 연결되어 gemme처럼 들립니다.

BE-054

**Would you like to join us?**

함께 가시겠어요?

**쥴랔루죠인어쓰?**

BE-055

**I gotta have a shower.**

샤워 좀 해야겠어.

**아가러애v붜샤월r.**

BE-056

**Now I'd like you to turn to page three.**

이제 3페이지를 펴 주세요.

**나앋을랔뀨루텬누 페이쥐th뜨뤼.**

BE-057

**Let me know if you need anything.**

필요한 게 있으면 말씀해 주세요.

**을렘미노f뺘닌애니th띵.**

미국인들은 보통 let me를 /lemme/로 발음합니다. 비슷한 방식으로 let her는 /let-er/처럼 들립니다.

BE-058

**I'm thinking about going to Boston.**

난 보스턴에 갈까 생각 중이야.

**암th띵낑밭거잉루바쓷은.**

BE-059

**Which do you want to hear first, good news or bad news?**

좋은 소식과 나쁜 소식 중 어느 것을 먼저 듣고 싶어?

**윗츄워너히얼rf뻘r쓷 귿뉴쏠r밷뉴쓰?**

BE-060

**It makes no difference to me at all.**

난 전혀 상관없어.

**잇멕쓰노디f뻘r은쓰루미애럴ㄹ.**

# 02

BE-061

**Hey, are you okay? You don't look so good.**
이봐, 괜찮아? 그렇게 좋아 보이지 않는데.
헤이얼r유옥케이 유던을륵쏘귿.

BE-062

**Yeah, I'm a little under the weather.**
그래, 컨디션이 좋지 않아.
예아 암얼리를런덜r더웨th덜r.

BE-063

**You hungry? I'm hungry.**
너 배고프니? 난 배고파.
유헝그뤼 암엉그뤼.

BE-064

**Yea. I could eat.**
그래. 나도 먹을 수는 있어.
야. 아큳잍.

BE-065

**I don't like sweet coffee.**
난 달달한 커피는 싫어.
아런을랔쓉커엎f삐이.

BE-066

**I'm just like you. I always drink mine black.**
나도 그래. 난 블랙으로만 마셔.
암져쓸랔뀨 아얼뤠이z즈듀륑만블랙.

BE-067

**What was that?**
뭐라고 했지?
와뤄z재앨 (z즈th댙)?

BE-068

**Stop using your phone and focus on our conversation.**
전화 그만하고 우리 대화에 집중해.
**쓷앞유z징열rf뽄앤f뽀커썬알r칸v뷜r쎄이션.**

BE-069

**I'm gonna get some coffee. You up for it?**
커피 사러 갈 건데, 같이 갈래?
**암거너겟썸커얖f삐이 유얖f뽀뤌?**

BE-070

**Nah, I'm too tired.**
아니, 너무 피곤해.
**나 암투타얼r.**

BE-071

**Who's up for a drive?**
드라이브하러 갈 사람?
**후z젚f뽀뤄듀롸입v?**
모음 소리 사이의 's'는 문장에서 'z' 소리를 갖습니다.

BE-072

**I'm up for it.**
나는 콜.
**암얖f뽀뤌.**

BE-073

**Thanks for helping me out. I owe you one.**
도와줘서 고마워. 이 신세 잊지 않고 갚을게.
**th땡쓰f뽈r헬ㄹ삥미앝 아오유원.**

BE-074

**What are friends for?**
친구 좋다는 게 뭐야?

# 02 와럴rf쁘뤤z즈f뿔r?

BE-075

**What do I owe you?**
얼마예요?
와루아오유?

BE-076

**40 bucks.**
40달러.
f뿔r디벅쓰.

BE-077

**We're going out for a drink. You wanna join us?**
우리 한잔하러 갈 건데, 같이 갈래?
월r공앝f뿔r어듀륑 유워너죤어쓰?

BE-078

**No, I think I'll pass. I've got a lot of work to catch up.**
아니, 사양할게. 나는 처리해야 할 일이 많아.
노아th띵깔ㄹ패쓰 압v갇얼라러월ㅋ루캣쳪.

BE-079

**I envy you, Olivia. Your kids are all grown up. You have so much free time.**
올리비아, 당신이 부러워요. 아이들이 다 자라서 시간이 많으시잖아요.
아엔v븨유얼리v븨아 열r킫z자럴ㄹ그뤈엎 옙v쏘멋취f쁘뤼타임.

BE-080

**Actually, I don't see it that way, Kristy.**
사실, 난 그렇게 생각 안 해, 크리스티.
액셜리 아런씨잍th탣웨이 클r씉띠.

BE-081

**Where is Olivia?**
올리비아는 어디 있지?
**웰rz절리v븨아?**
'is'를 's'로 줄여서 /wehrz/로 발음합니다.

BE-082

**I wouldn't know. I haven't talked to her since yesterday.**
내가 알 리가 없지. 어제부터 그녀랑 말한 적이 없으니.
**아우른노 아애v븐털루헐r씬셰쓭얼r데이.**

BE-083

**That's heavy. You sure you got it?**
그거 무거워. 혼자 할 수 있겠어?
**th퍁채v븨 유셜r유가릳?**

BE-084

**I got it.**
할 수 있어.
**아가릳.**

BE-085

**Can I get a burger combo?**
버거 콤보로 주실래요?
**캐나게러벌r걸r캄보?**

BE-086

**You got it. Anything else?**
알겠습니다. 혹시 필요한 건 더 없으세요?
**유가릳 앤th띵엘쓰?**

BE-087

**Hawaii would be your best bet.**

# 02

하와이가 딱일 거 같은데.

**허와이욷비열r베쓰벨.**

BE-088

**Have you been there before?**

거기 가 본 적 있니?

**해v뷰빈네어r비f뽈r?**

BE-089

**These just came out of the oven.**

이것들은 방금 오븐에서 나왔어.

**thㄷㅣz져쓰켐아러thㄷㅣ오v븐.**

'of the'는 'v' 소리를 생략하므로 [u-the]처럼 발음될 수 있습니다.

BE-090

**I can tell.**

그렇게 보여.

**아킨텔ㄹ.**

BE-091

**Are you sure this is free?**

이게 진짜 무료야?

**얼r유셜rthㄷㅣ씨z즈f쁘뤼?**

BE-092

**Yeah, I'm positive. He said we could take it.**

확실해. 우리가 가져 갈 수 있다고 했어.

**예아 암파z지립v 히쌘위큳텍낃.**

BE-093

**How about we meet tomorrow instead?**

대신 내일 만나는 게 어때?

**하밭위밑틈아뤄인쓷앤?**

BE-094

**Yeah, sure. Works for me.**
그래. 난 가능해.
야셜r 월rㅋ쓰f뽈r미.

BE-095

**I can look after your cats while you're away.**
네가 없는 동안 내가 너 고양이를 돌볼 수 있어.
아킨을릌앺f떨r열r캣촤일열r웨이.
'your'과 'you're'는 일반적으로 /yor/로 발음됩니다.

BE-096

**I couldn't ask you to do that.**
신세를 질 수 없어.
악크른애쓲유르드되앨.

BE-097

**Hey John. What's up?**
안녕 존. 별일 없지?
헤이좐 왓쩝?

BE-098

**Hey Aaron. Not much. You?**
안녕 아론. 난 별일 없어. 넌?
헤이 애뤈 남머취 유?

BE-099

**The same. I hear it's your birthday today.**
똑같지. 오늘이 네 생일이라고 들었는데.
더쎄임 아헐r잇쳘벌r떼이루데.

BE-100

**It is, actually.**
사실이야.
이리z잭셜리.

Chapter 03

◆

# ENGLISH IMMERSION

영어 몰입

# 03 Chapter 3. ENGLISH IMMERSION

## 1. Conversation at a Café

EI-0001

**It's time to hit the road.**

출발할 시간이야.

탐루힡더뤄.

EI-0002

**Alright, let's hit the road!**

자, 출발해 보자고!

얼롸, (을)렛칱더뤄!

EI-0003

**Should we get some coffee to go on the way?**

가는 길에 커피 테이크아웃해 갈까?

슈위겟썸커엎f삐이루고 언더웨이?

EI-0004

**Coffee sounds good! How about this cafe?**

커피 좋지. 여기 카페 어때?

커엎f삐이싼z즈귿! 하밭디쓰카f뻬이?

EI-0005

**Here, use my debit card to buy it.**

여기, 내 카드로 사.

히얼r, 유z즈마데빋칼r루바잍.

EI-0006

**Yippee!**

오 예!

**잎삐!**

EI-0007

**Hi, welcome to Joe's Hamburger Restaurant. Will this be for here or to go?**

안녕하세요, 조 햄버거에 오신 걸 환영합니다. 여기서 드실 겁니까, 가지고 가실 겁니까?

**하이, 웰껌루죠z잼버걸r췟쓷ㄸ롼. 윌디쓰비f뽀이얼r올r루고?**

EI-0008

**For here or to go?**

여기서 드실래요, 가지고 가실래요?

**f뽀이얼r올r루고?**

EI-0009

**Uh, to go, please.**

포장할게요.

**어, 루고, 플이zㅈ.**

EI-0010

**Okay. What would you like today?**

네. 무엇을 주문하시겠어요?

**엌케이. 와쥴랔루데이?**

EI-0011

**I'll have two Americanos to go.**

아메리카노 두 잔 포장할게요.

**알랩v툼뤼카노zㅈ루고.**

EI-0012

**One burger to go, please.**

햄버거 하나 테이크아웃이요.

**원버걸r루고 플이zㅈ.**

03

EI-0013

**Hmm. Okay. Your total comes to ten ninety ($10.90).**
네. 전부 10달러 90센트 나왔습니다.
**음. 엌케이. 열r토를ㄹ커엄z즈루텐나인디.**

EI-0014

**I'll pay with my debit card.**
체크카드로 결제할게요.
**알페윔마데빋칼r.**

## 2. Eating Out

EI-0015

**Mom, I'm hungry.**
엄마, 저 배고파요.
**맘, 암엉뤼.**

EI-0016

**Let's go grab something to eat.**
뭐 좀 먹으러 가자.
**(을)렛츠고그뤱썸띵루잍.**

EI-0017

**Oh, Yeah? Should we grab something to eat? What do you want?**
오, 그래? 우리 뭐 좀 먹을까? 뭐 먹을래?
**오, 야? 슈위그뤱썸띵루잍? 와루유원?**

EI-0018

**Chicken!**
치킨요!
**취낀!**

EI-0019

**Okey dokey!**
좋아!
옼끼독끼!

EI-0020

**Here you go. Dig in!**
자, 먹자!
이얼r유고. 딕인!

EI-0021

**Let's dig in!**
먹자!
(을)렛츠딕인!

EI-0022

**Dig in, everybody!**
맘껏 먹읍시다!
딕인, 엡v위이받이!

EI-0023

**Phew! I'm so stuffed. What about you?**
휴! 난 너무 배불러. 넌?
휴! 암쏘쓷떺f. 와밭유?

## 3. Going Shopping at the Mall

EI-0024

**May I help you?**
도와드릴까요?
메아엘쀼?

# 03

EI-0025

**Hi, how can I help you?**
안녕하세요, 무엇을 도와드릴까요?
하이, 할키나헬쀼?

EI-0026

**Well, I'm just checking things out.**
그냥 둘러보고 있어요.
웰람저쓰첼낀th띵z쟡.

EI-0027

**I'm just looking around.**
그냥 둘러보고 있어요.
암저쓸륵낑롼.

EI-0028

**I'm just browsing.**
그냥 둘러보고 있어요.
암저쓰브롸z징.

EI-0029

**Are you looking for something in particular?**
특별히 찾으시는 물건이 있으신가요?
얼r율륵낑f뻘썸띠닌펄r띡뀰럴r?

EI-0030

**Looking for anything?**
찾고 계시는 게 있나요?
(을)륵낑f뻘r앤띵?

EI-0031

**Yes, um. That necklace there, how much is it?**
네, 음. 저기 있는 목걸이는 얼마죠?
이예씀. th탭넥끌리쓰데얼r, 함취z짙?

EI-0032

**It's 230 dollars.**
230달러입니다.
**잇츠트th떨디달럴z즈.**

EI-0033

**Alright, I'll have it.**
좋아요, 그걸로 살게요.
**얼롸잍, 알랩v잍.**

EI-0034

**Alright, I'll take that one, please.**
알겠습니다. 저걸로 하겠습니다.
**얼롸잍, 알텤th대뤈, 플리z즈.**

EI-0035

**I'll be with you in a minute.**
금방 도와드리겠습니다.
**알비윋th듀인어미닡.**

EI-0036

**Well, yeah. I'm looking for a Father's Day gift.**
네, 어버이날 선물을 찾고 있어요.
**웰ㄹ, 야, 암(을)륵낑f뽀뤄f빠럴rz즈데기f뜉.**

EI-0037

**Okay. How about getting your father a new wallet?**
그렇군요. 아버지께 새 지갑을 사드리는 건 어때요?
**억케이. 하밭게링열rf빠럴어뉴월맅?**

EI-0038

**Hmm. How much is that wallet?**
흠. 저기 있는 지갑은 얼마입니까?
**음. 함취z재앹월맅?**

# 03

EI-0039

**Uhh... which one?**
어... 어느 것이요?
어... 윗췬?

EI-0040

**The black one.**
저기 검은 것이요.
th더블랙원.

EI-0041

**Oh. It's only $40.95.**
오. $40.95 밖에 안 해요.
오. 잇춘(을)리 f뽈r디달럴z잰나인디f빠입v쎈츠.

EI-0042

**Huh? That's too expensive for me. Do you have a cheaper one?**
네? 저에게는 너무 비쌉니다. 더 저렴한 것이 있습니까?
허? th뎁츠튁쓰펜씹vf뽈r미. 쥅v워칖뻘r원?

EI-0043

**How about this brown leather one?**
이 갈색 가죽 지갑은 어때요?
하밭th디쓰브롼(을)레덜r원?

EI-0044

**Hmm... I don't think my father will like the design on the outside, but how much is it?**
흠... 아빠는 이 겉의 디자인을 좋아하지 않을 것 같아요. 하지만 얼마인가요?
음... 아런th띵마f빠럴r윌랔러디z쟈넌디앝싸읻, 벋함취z짙?

EI-0045

**It's $25.99. Would you like it gift-wrapped?**

$25.99입니다. 선물 포장해 드릴까요?
**잇츠퉤니f빠입v앤난디난. 우쥴락끼기f쁘뤱?**

EI-0046

**Why don't you try it on?**
한번 입어보는 게 어때요?
**와런유튜롸이이런?**

EI-0047

**Can I try this on?**
이거 입어봐도 될까요?
**캐나튜롸디썬?**

EI-0048

**See anything you like?**
마음에 드는 거 있어요?
**씬이th띵율락?**

EI-0049

**What about this one?**
이건 어때요?
**와받디쉰?**

EI-0050

**Do you have this cashmere sweater in a larger size?**
이 캐시미어 스웨터 더 큰 사이즈 있나요?
**듀해th디쓰캐쉬미얼r스웨럴r인얼랄r절r싸이z즈?**

EI-0051

**Do you have this in a medium?**
이거 중간 사이즈 있나요?
**듀햅vth디씬어미뎜?**

# 03

EI-0052

**Let me check for you.**

확인해 보겠습니다.

**렘미췍f뿔r유.**

EI-0053

**Could you gift wrap this?**

이거 선물 포장해 주시겠습니까?

**크듀기f쁘뤫디쓰?**

EI-0054

**Could I have this gift-wrapped?**

이거 선물 포장해 주시겠어요?

**크랩v디쓰기f쁘뤫?**

EI-0055

**How would you like to pay?**

어떻게 지불하시겠습니까?

**하쥴락루페이?**

EI-0056

**Do you take credit cards?**

신용 카드 받으시나요?

**듀텤크뤠릳칼r?**

EI-0057

**I would like to return this.**

이거 반품하고 싶어요.

**알락루뤼턴디쓰.**

EI-0058

**Do you have the receipt with you?**

영수증 가지고 있으신가요?

**쥅v뤼씯윋유?**

EI-0059

**No, I'm sorry. I lost it.**
아니요. 잃어버렸어요.
**나, 암써뤼. 알러쓰띹.**

EI-0060

**Yes, I do. Here it is.**
네, 있어요. 여기요.
**예싸두. 히얼r이리z즈.**

EI-0061

**Did you pay by credit card or cash?**
신용카드로 결제하셨나요 현금으로 결제하셨나요?
**디쥬페바크뤠맅칼r더캐쉬?**

EI-0062

**We can refund your money if you have the receipt.**
영수증이 있으면 환불해 드릴 수 있습니다.
**위킨뤼f뻔덜r머니f뺘앱v러뤼씹.**

## 4. Homecoming

EI-0063

**Daddy, where are you?**
아빠, 어디야?
**대리, 웨얼r유?**

EI-0064

**Oh, I'm just pulling in, kiddo!**
어, 나 이제 막 도착했어, 아가!
**오, 암져쓰풀리닌, 키로!**

03

EI-0065

**I think we pull in at about three.**
우리 3시쯤 도착할 거 같아.
아th띵뀌풀린애러벝th뜨뤼.

EI-0066

**I'll be there in a minute.**
곧 갈게.
알ㄹ비데얼r인어미닡.

EI-0067

**I have to work late.**
나 야근해야 돼.
아앱v루월끌렡.

EI-0068

**I'll be home late.**
늦을 거야.
알ㄹ비오움(을)렡.

EI-0069

**Sorry, I can't go today because I have to work overtime.**
미안, 나 오늘 못 갈 거 같아. 야근해야 돼.
써뤼, 악캔고루데 커z쟈앱v루월r꺼v뷜탐.

EI-0070

**Can you meet me downstairs?**
밑에서 만날 수 있어요?
킨뉴밑미단쓸떼얼rz즈?

EI-0071

**I'll meet you out front.**
내가 마중 나갈게.

알ㄹ밑유앝f쁘뤈.

EI-0072

**I'll see you there.**

거기서 봐.

알ㄹ씨유데얼r.

EI-0073

**Can you meet me at the bus terminal?**

버스 터미널에서 만날 수 있을까요?

킨뉴밈미애러버쓰털r미늘ㄹ?

## 5. Making Plans for the Weekend

EI-0074

**What should we do this weekend?**

우리 이번 주말 뭐 할까?

왓슈위루디쉭껜?

EI-0075

**I'm kind of in the mood for a movie.**

영화 보고 싶기는 한데.

암카너이너믇f뽀뤄므v븨.

EI-0076

**Sounds wonderful!**

좋은 생각이야!

싼z줜덜rf쁠ㄹ!

EI-0077

**Which one should we watch? Just name it.**

# 03

어떤걸 볼까? 말만 해.
**윗췬슈위윗취? 져쓰네밑.**

EI-0078

**What movie do you want to watch?**
영화 어떤 거 볼래?
**웜므v븨쥬워너윗취?**

EI-0079

**I'm down for this one.**
난 여기에 한 표 할게.
**암단f뽈r디쒼.**

EI-0080

**Mmm... what should we watch?**
음... 어떤 걸 봐야 하지?
**음... 왓슈윗취?**

EI-0081

**It's up to you. I'm okay with anything.**
네가 결정해. 나는 다 좋아.
**잇쳡루유. 암억케윋애니띤.**

EI-0082

**Are you in the mood for some pizza?**
너 피자 먹고 싶니?
**얼r유인더믇f뽈r썸피잇z짜아?**

EI-0083

**I'm craving for some chicken now.**
난 치킨 먹고 싶은데.
**암크뤠이v빈f뽈r썸췹낀나우.**

EI-0084

**What do you want for dinner? Just name it.**
저녁 뭐 먹을래? 말만 해.
**와루유원f뿔r디널r? 져쓰네밑.**

EI-0085

**I got you.**
내가 살게
**아같유.**

EI-0086

**It's on me.**
내가 낼게.
**잇쳔미.**

EI-0087

**It's on the house.**
공짜입니다.
**잇쳔더하우쓰.**

## 6. Hold on a minute

EI-0088

**I beat you at this game!**
이 게임 내가 이겼어!
**아빝유 앹th디쓰게임!**

EI-0089

**Did you really win?**
네가 진짜 이긴 거 맞아?
**쥬륄리윈?**

# 03

EI-0090

**Yea, I'm positive!**
그래, 확실해!
얍파z지립v!

EI-0091

**Something is wrong here. Hang on a second.**
뭔가 잘못된 거 같은데. 기다려 봐.
썸띵z즈륑이얼r. 행언어쎄껀.

EI-0092

**Wait a second. I'll give you a hand.**
잠깐 기다려 봐. 내가 도와줄게.
웨이러쎄껀. 알ㄹ기v벼핸.

EI-0093

**Hold on a minute.**
잠깐 기다려.
헐던어미닡.

EI-0094

**Go on.**
계속해.
고온.

EI-0095

**Take your time.**
천천히 하세요.
텍껼탐.

## 7. Clothes on different weather

EI-0096

**Hey, Jake. Are you ready for your trip?**
제이크, 여행 준비는 다 됐어요?
헤이, 쮀잌. 유뤠리f뽀열r튜륍?

EI-0097

**Well, not really. I still have to buy some clothes.**
아뇨, 그렇지 않아요. 옷을 좀 사야 해요.
웰ㄹ, 나뤌리. 아쓸띨앱v루바이썸클로zㅈ.

EI-0098

**Well, what's the weather like where you're going?**
그런데, 네가 가는 곳의 날씨는 어때?
웰ㄹ, 왓츠러웨를랔웨열r고잉?

EI-0099

**Uh, it's really hot in the summer, so I'm going to buy some shorts, sandals, and a few t-shirts.**
여름에는 정말 더워서 반바지, 샌들, 티셔츠 몇 장을 살 거야.
어, 잇츠뤌리하린더썸어, 쐄거너(므느)바이 썸숄츠, 쌘들z잰어f쀼티셔츠.

EI-0100

**What about the rest of the year?**
나머지 달들은 어때?
와러밭더뤠쓭업v디이얼r?

EI-0101

**People say that the fall can still be warm until November, so I'm gonna buy some jeans and a few casual shirts.**
사람들이 11월 가을까지 따뜻할 수 있다고 해서 청바지와 캐주얼 셔츠 몇 개를 사려고 해.

**핖을ㄹ쎄이랫th더 f뻴ㄹ낀씉띨비월r믄틸 노v휌벌r, 쌈건바썸쥔z잰어f 뿌캐z절ㄹ셜츠.**

## 8. Daily routines and activities

EI-0102

**So, what's your usual day like? You always seem so busy.**

당신의 평소 하루는 어떻습니까? 당신은 항상 너무 바쁜 것 같아요.

**쏘, 윗쳘r유z졀ㄹ데일랔? 유얼웨이씸쏘비z지.**

EI-0103

**Well, I usually get up around 5:00 a.m. and work on the computer until 6:00.**

글쎄요, 저는 보통 오전 5시에 일어나서 6시까지 컴퓨터 작업을 합니다.

**웰라유z졀리게렆롼f빠v베엠. 앤월껀너컴퓨럴r언틸ㄹ씩쓰.**

EI-0104

**Why do you get up so early?**

왜 이렇게 일찍 일어나나요?

**와이두유게렆쏘얼리?**

EI-0105

**Well, I have to leave home at twenty to seven (6:40 a.m.) so I can catch a bus at 7 o'clock. It takes me about twenty minutes to walk to the bus stop from my house.**

음, 7시에 버스를 타려면 오전 6시 40분에 집을 나서야 하고 집에서 버스 정류장까지 걸어서 20분 정도 걸립니다.

**웰ㄹ, 아애v룰립v오움앳퉤니루쎄v븐 (씩쓰f뽀리에이엠.) 쏘아킨캣쳐버쌧쎄v븐억끌랔. 잇텍쓰미밭퉤니미닛츠루웤루러버쓰땊f쁘뤔마하우쓰.**

EI-0106

**And what time do you get off work?**
그리고 몇 시에 퇴근합니까?
앤웟탐듀게렆f웕r?

EI-0107

**Uh, around 5 o'clock. Then, we eat dinner around 6:30, and my wife and I read and play with the kids until 8:00 or so.**
어, 5시쯤요. 6시 30분 쯤에 저녁을 먹고 아내와 8시 정도까지 아이들과 책을 읽고 놀아요.
어, 롼f빠입v어끌랔. th댄, 위잍디널r롼씩쓰떨r디, 앤마와f빼아륃앤플레이윋th더킫z전틸레읻올r쏘.

## 9. Drugs and Medication

EI-0108

**So, how are things going, David?**
그래, 일이 잘 되어가고 있니, 데이빗?
쏘, 하얼rth띵쓰공, 데이v빋?

EI-0109

**Well, to be honest Olivia, I was feeling great on Saturday, but I started to feel sick Sunday afternoon. I thought I'd get better, but I feel worse than before. And I'm really worried because I'm scheduled to give a presentation at work on Friday, so I have to be better by then.**
올리비아, 내가 솔직히 말하자면 토요일엔 기분이 좋았는데 일요일 오후에 몸이 아프기 시작했어. 나아질 줄 알았는데 전보다 더 나빠진 것 같아. 그리고 금요일에 직장에서 프레젠테이션을 할 예정이어서 정말 걱정이 돼. 그래서 그때까지는 나아져야 한다고.

03 웰ㄹ, 투비아너씉얼리v븨아, 아워z즈f삘링그뤠이런쌔럴r데이, 버라쓰딸딛루f삘ㄹ씩썬데앫f떨r눈. 아th따랃겓베럴r 버라f삘ㄹ월r쓰댄비f뿔r. 앤암뤌리워뢴빅커z잠쓱케듈루기v붜플z젠테이션 애뤄r껀f쁘롸이데이, 쏘아앱v루비베럴r바이덴.

EI-0110

**Well, what seems to be the problem?**

증상이 어떤 거 같아?

웰ㄹ, 와씸z즈루비더퐐r븜(프랍븜)?

EI-0111

**Well, I thought I had the flu, but the doctor said it was just a bad cold. He gave me some cold medicine to take care of my stuffy nose and fever. I'm supposed to take the medicine three times a day after eating, but it doesn't seem to help. He also told me to stay off my feet for a day or so, but I'm so busy these days.**

글쎄, 내가 독감에 걸린 줄 알았는데 의사가 그냥 심한 감기라고 했어. 코막힘과 열을 치료하기 위해 감기약을 주셨어. 1일 3회 식후에 약을 먹기로 되어 있는데 별 도움이 안 되는 것 같아. 하루 정도 일을 하지 말라고도 하셨는데 요즘 너무 바빠.

웰라th따라핻th더f쁠루, 벋더닥털r쌛이뤄z져밷콜ㄹ. 히게임미썸콜ㄹ메디쓴루텍케어뤔마씉텊f노z잰f삐v붤r. 암쎂포z즈루텍러메디쓴th뜨뤼탐z져데이앺f떨r이링, 버릿더z즌씸루헬 히얼ㄹ쏘톨미루씉떼이엎f마f삘f뽀뤄데이올r쏘, 버람쏘비z지리z즈데이z즈.

## 10. Meeting a Neighbor while Taking a Walk

EI-0112

**Oh, what a cute puppy. He looks so fluffy! I'm Olivia. I live on Oak Street. I think I've seen you walking your dog before.**

오, 정말 귀여운 강아지네요. 솜털 같아요! 저는 올리비아라고 해요. 오크 스트리트에 살고 있습니다. 예전에 개와 산책하는 것을 봤어요.

**오, 와러큗펖삐. 힐릌쏘f쁠러f삑! 암얼리v븨아. 알리v뷘옥쓷뤁. 아th띵깝v씬뉴워낑열r덕비f뽈r.**

EI-0113

**You probably have. I'm Dan and this is Charlie. I live two streets down on Cypress Street.**

아마 그랬을 겁니다. 저는 댄이고 이 개는 찰리입니다. 저는 사이프레스 스트리트에서 두 거리 아래에 살고 있습니다.

**유퐐r블리햅v. 암댄앤th디씨z즈챨리. 알립v투쓷뤁츠단언싸잎뤠쓷뤁.**

EI-0114

**I've gotta get back home to give Charlie water, it was nice meeting you!**

집에 돌아가서 찰리에게 물을 줘야해요. 만나서 반가웠어요!

**압v가러겥뱈콤루깁v챨리워럴r, 이러z즈나이쓰미링유!**

EI-0115

**You too. See you around!**

저도 반가웠습니다. 또 봐요!

**유투. 씨여롼!**

## 11. Talking about electronics

EI-0116

**I do a lot of my work on the computer.**

나는 컴퓨터로 많은 일을 합니다.

**아루얼라럼마월r껀더컴퓨럴r.**

# 03

EI-0117

**Sometimes I take my laptop to the cafe to get my work done.**

가끔 노트북을 가지고 카페에 가서 일을 합니다.

**썸탐z쟈텝말랩탚루더카f뻬이루겥마웕r던.**

EI-0118

**A lot of people like to play games on the tablet.**

많은 사람들이 태블릿에서 게임을 하는 것을 좋아합니다.

**얼라러핖을랔루플레이겜z젼더탭(을)릩.**

EI-0119

**I rely on my smartphone way too much sometimes!**

나는 가끔 스마트폰에 너무 의존합니다!

**아륄라언마씀앑rf뽄웨이투머취!**

EI-0120

**We have a smart TV so that we can stream shows and movies.**

쇼와 영화를 스트리밍할 수 있도록 스마트 TV가 있습니다.

**위해v붜씀앑티v븨 쏘랟위킨쓰튜륌쇼z잰무v븨z즈.**

EI-0121

**He tracks his physical activity and other alerts on his smartwatch.**

그는 스마트워치에서 자신의 신체 활동 및 기타 알림을 추적합니다.

**히튜뤡쓰히z즈f삐z직껄액티v븨티앤아th덜r얼럴r쳔히z즈씀앑윗취.**

EI-0122

**The teenagers think that they really need the latest model of their favorite game console so that they can play new video games.**

십대들은 그들이 가장 좋아하는 게임기의 최신 모델이 정말 필요하다고 생각합니다.

th더틴에이졀rz즈띵냇대뤨리니덜레이리쓭마들럽데얼rf쀄v벋겜칸 썰ㄹ 쏘랫데이킨플레이뉴v븨디오게임z즈.

## 12. Planning birthday parties

EI-0123

**Any plans for your birthday?**

생일 파티 계획이 있나요?

애니플랜z즈f뽀열r벌r떼이?

EI-0124

**Yeah, I'm planning a big bash this weekend!**

응, 이번 주말에 큰 파티를 계획하고 있어요!

이야, 암플래닝어 빅배쉬디쒹깬!

EI-0125

**What do you wanna do for your birthday?**

생일에 무엇을 하고 싶어요?

와루유워너두f뽀열r벌떼이?

EI-0126

**I want to have a cookout and get together with some friends.**

요리를 하며 친구들과 함께 하고 싶어요.

아워너앱v어킄까랜겓투게덜윋썸f쁘뤤z즈.

EI-0127

**A little bird told me it's your birthday... What would you like?**

생일이라던데... 무엇을 갖고 싶어요?

얼리를벌r톨ㄹ미 잇쳘r벌r떼이... 와쥴랔?

# 03

EI-0128

**Yes! My birthday is coming up. Instead of a gift, I am asking everyone to bring their favorite food or drink to the party.**

네! 제 생일이 다가오고 있어요. 모두에게 선물 대신 좋아하는 음식이나 음료를 파티에 가져오라고 했어요.

예쓰! 마벌rth떼이zㅈ커밍엎. 인쓰땐럽v어깊f, 암애쓱낑엡v위이워ㄴ루브륑 th데얼rf뻬v벝f뿓올r듀륑루더팔r디.

EI-0129

**How old will you be?**

몇 살이 되시죠?

하얼윌류비?

EI-0130

**I'll be over the hill!**

나이가 좀 들었지.

알ㄹ비오우v뷜더힐ㄹ.

EI-0131

**Is it a surprise party?**

깜짝 파티인가요?

이z지러쎂롸이zㅈ팔r디?

EI-0132

**It is, so don't say anything!**

그래, 그러니 아무 말도 하지 마!

이리zㅈ, 쏘런쎄이앤th띵!

EI-0133

**Do you need me to bring anything?**

제가 뭘 가져가야 할 게 있나요?

듀님미루브륑앤th띵?

EI-0134

**Yeah, can you bring some candles? I forgot to buy them!**
있어요, 양초 좀 가져다 줄래요? 사는 것을 잊었어요!
**야, 킨뉴브링썸캔들z즈? 아f뻐갇루바이듬!**

## 13. Daily Life

EI-0135

**How's it goin'?**
어떻게 지내?
**아z짙고인?**

EI-0136

**Pretty good, and you?**
꽤 좋아, 넌?
**플r디귿, 앤뉴?**

EI-0137

**How ya doin'?**
잘 지냈어?
**하야두인?**

EI-0138

**I'm good, how are you?**
괜찮아, 넌 어때?
**암귿, 훨r유?**

EI-0139

**You doin' ok?**
괜찮아?
**유둔엌케이?**

# 03

EI-0140

**I'm doing alright, how about you?**
나는 잘 지내고 있어, 넌 어때?
**암둥얼롸, 하밭유?**

EI-0141

**How ya been?**
어떻게 지냈어?
**하여빈?**

EI-0142

**I've been doing well, how about you?**
잘 지냈어, 넌 어때?
**아빈둥웰ㄹ, 하밭유?**

EI-0143

**What's been goin' on?**
어떻게 지내고 있니?
**왓츠빈공언?**

EI-0144

**Not much, how about you?**
별로, 너는 어때?
**남머취, 하밭유?**

EI-0145

**What's new?**
별일 없어?
**왓츠뉴?**

EI-0146

**Not a lot, what's new with you?**
별로, 너는 별일 없니?
**나럴랕, 왓츠뉴윋thu유?**

EI-0147

**What's it like out there?**
밖은 어때요?
왓칠랔깥th데얼r?

EI-0148

**It's cloudy, I think it might rain later.**
흐리다가 나중에 비가 올 것 같아.
잇츠클라우디, 아th띵낌맡뤠인(을)레이럴r.

EI-0149

**Crazy weather we're having, huh?**
미친 날씨야, 응?
크뤠이z지웨럴r 월r해v빙, 허?

EI-0150

**Yeah! It's so hot.**
맞아! 너무 덥다.
야! 잇츠쏘핱.

EI-0151

**Is it cold enough for you?**
날씨가 무척 춥지?
이z짙콜디너f뽈r유?

EI-0152

**Ha! Almost!**
하! 그렇지!
하! 얼ㄹ머씉!

EI-0153

**Can you believe how windy it is?**
바람이 얼마나 많이 부는지!
캔뉴블립v하윈디이리zㅈ?

# 03

EI-0154

**So crazy! I can't believe it.**

진짜 미쳤어! 믿을 수가 없어요

쏘크뤠이z지! 악캔블리v빌.

EI-0155

**Whatcha got goin' on this weekend?**

이번 주말 무슨 일 있어?

왓챠갇공언디씩깬?

EI-0156

**I'm going to dinner and then to the movies. How about you?**

저녁을 먹은 다음 영화를 보러 갈 거예요. 당신은요?

암공루디널r앤댄루더므v븨zㅈ. 하밭유?

EI-0157

**You doin' anything fun this weekend?**

이번 주말에 재미있는 일 있어?

유둥앤th띵f뻔디씩깬?

EI-0158

**Yeah, my family is coming to visit! What about you?**

예, 우리 가족이 방문할 예정이에요! 당신은 어때요?

야, 마f뻼(을)리zㅈ커민루v븨z짙 왓밭유?

EI-0159

**What time are you gonna head over here?**

몇 시에 여기로 올 거야?

웟타멀r유건어 핸어v붤r이얼r?

EI-0160

**I think I'll leave my house around 8.**

8시쯤 집에서 나올 것 같아요.

아th띵깔림마하우써롼에잍.

EI-0161

**When do you wanna meet up?**

언제 만나고 싶어?

웬두유워너밑엎?

EI-0162

**Let's meet at the park at 7. Is that okay with you?**

공원에서 7시에 만나자. 괜찮아?

(을)렛츠미랫더팔r깻쎄v븐. 이z즈대러케이윋th유?

EI-0163

**You wanna grab meal?**

밥 먹으러 갈래?

유워너그뤱밀ㄹ?

EI-0164

**Sure! Where do you wanna go?**

좋지! 어디로 갈 건데?

셜r! 웰r유워너고?

EI-0165

**You wanna go drinks?**

뭐 마시러 갈래?

워너고듀륑쓰?

EI-0166

**Yeah! When is a good time for you?**

응! 너는 언제가 좋니?

야! 웬이z져귿탐f뽈r유?

EI-0167

**What do you do?**

# 03

어떤 일을 하세요?

**와루듀우?**

EI-0168

**I'm a teacher. I help students become confident English speakers. What about you?**

나는 교사입니다. 학생들이 자신감있게 영어를 말할 수 있도록 도와줍니다. 당신은요?

**아머티쳘r. 아헲쓰튜든츠비컴칸f삐든잉ㄱ을잇쉬쓰픽껄r쓰. 왓밭유?**

EI-0169

**What's your day job?**

직업이 뭐예요?

**왓쳘r데이좝?**

EI-0170

**I work from home, running my own business. How about you?**

나는 집에서 일하고 내 사업을 운영합니다. 당신은요?

**아월ㄲf쁘뤔호오움, 뤄닝마오운비z진쓰. 하밭유?**

EI-0171

**What field are you in?**

당신은 어떤 분야에서 일을 합니까?

**와f삘ㄹ덜r유인?**

EI-0172

**I am in software engineering. What about you?**

저는 소프트웨어 엔지니어링 일을 있습니다. 당신은요?

**암인싸f뻍웨얼r엔쥐이어륑. 왓밭유?**

EI-0173

**What's it like to work there?**

그곳에서 일하는 것은 어떤가요?

왓칠락루 웕r ㄲ데얼r?

EI-0174

**I love it! It's really fun and challenging. What's it like where you work?**
아주 좋아요! 정말 재미있고 도전적입니다. 당신이 일하는 곳은 어떤가요?
알러v빝! 잇츠륄리f뻔앤췔린쥥. 왓칠락 웰r유웕rㄲ?

EI-0175

**You got a minute?**
시간 있으세요?
유가러미닡?

EI-0176

**Sure! What's up?**
네! 무슨 일이에요?
셜r! 왓쩝?

EI-0177

**What have you got for me?**
무슨 일이에요?
와래v뷰같f뽈r미?

EI-0178

**Here is the report you asked for.**
요청한 보고서입니다.
히뤼z즈더뤼폹r유애쓱ㅌf뽈r.

EI-0179

**When you have a sec, can I ask you something?**
잠시 시간이 있으시면 한 가지 여쭤봐도 될까요?
웬유해v붜쎅, 캐나애쓱큐썸th띤?

# 03

EI-0180

**Sure. I'll be free in just a minute.**
물론입니다. 잠시만요.
셜r. 알ㄹ비f쁘뤼인져써미닡.

EI-0181

**Are we on the same page?**
우리가 같은 생각인가요?
얼위언더쎔페이쥐?

EI-0182

**I think so but I want to make sure I understand this correctly... Is that right?**
저도 그렇게 생각하지만, 제가 제대로 이해하고 있는지 확인하고 싶은데... 맞나요?
아th띵쏘 버라워너멕셜r 아언덜r쓷땐th디쓰커뤡(을)리... 이z즈대롸잍?

EI-0183

**Workin' hard or hardly workin'?**
열심히 일하는 거야 아니면 안 하는 거야?
웕r낑할r돌r 할r들리웕r낑?

EI-0184

**Ha! Workin' hard, of course!**
허! 물론 열심히 일하고 있지!
하! 웕r낑할r 업콜r쓰!

EI-0185

**Do you come here often?**
여기 자주 오시나요?
유커엄이얼r 어f쁜?

EI-0186

**I do, it's the best! And you?**

네, 최고에요! 당신은요?
아두, 잇츠더베씉 앤뉴?

EI-0187

**Do you live in this area?**
이 근처에 살아요?
듀리v빈디쌔뤼어?

EI-0188

**I don't. I am here visiting friends. How about you?**
아니요. 저는 여기 친구를 방문하고 있습니다. 당신은요?
아던. 암이얼rv븨z지딩f쁘뤤zㅈ. 하밭유?

EI-0189

**How long have you been coming here?**
여기 온지 얼마나 되었어요?
할렁유빈 커밍이얼r?

EI-0190

**This is my first time, how about you?**
전 처음이에요. 당신은요?
th디씨zㅈ마f뻘r씉탐, 하밭유?

EI-0191

**How do you know Olivia?**
올리비아를 어떻게 아세요?
하루유노얼v븨아?

EI-0192

**We went to college together. How about you?**
같이 대학을 다녔어요. 당신은요?
위웬투칼릿쥐투게렬r. 하밭유?

# 03

EI-0193

**You don't look so hot. You feelin' ok?**
아파 보이는데 괜찮아요?
유던(을)륵쏘핟. 유f삘린엌케이?

EI-0194

**Yeah, I think I'll be alright.**
네, 괜찮아질 것 같아요.
야, 아th띵깔ㄹ비얼랕.

EI-0195

**You gonna be okay?**
괜찮을 거 같아?
유건비엌케이?

EI-0196

**Yeah, I think I just need to rest.**
응, 그냥 쉬어야 할 것 같아.
야, 아th띵까져쓰니루퉤쓭.

EI-0197

**Where does it hurt?**
어디가 아프니?
웰r더z질헕r?

EI-0198

**It hurts here, between my neck and shoulder.**
여기 목과 어깨 사이가 아파.
이럴r치얼r 빗튄마넥깬숄ㄹ덜r.

EI-0199

**Can you do the dishes?**
설거지해 줄 수 있니?
킨뉴두러디쉬zㅈ?

EI-0200

**Sure, will you sweep the floor?**
물론, 바닥을 좀 쓸어 줄래?
셜r, 윌류쉽더f뻘로얼r?

EI-0201

**Will you make the bed?**
침대 정리해 줄래?
윌류멕더벧?

EI-0202

**Yes, after I have my coffee.**
네, 커피를 마시고요.
예, 쌮f떨r 아앰마커엎f삐이.

EI-0203

**Can you get the door?**
문 좀 열어줄래?
킨뉴겟더돌r?

EI-0204

**Yeah, one second.**
네, 잠시만요.
야, 원쎄껀.

EI-0205

**What's for dinner?**
저녁 식사는 뭐예요?
왓츠f뻘r디널r?

EI-0206

**No clue. I thought you were cooking.**
모르겠는걸. 네가 요리하는 줄 알았어.
노클루. 아th땉유월r크낑.

# 03

EI-0207

**Can you give me a hand with the trash?**
쓰레기 좀 치워줄래?
**킨뉴김미어핸윋th더튜뤠쉬?**

EI-0208

**Yeah, no problem.**
네, 당연히 되죠.
**야, 노퐐r븜(프랍읆).**

EI-0209

**Will you ever clean up your stuff?**
물건 좀 치워줄래?
**윌류에v뷜r클리넢열r쓭떺f?**

EI-0210

**Fine. I'll do it after this game.**
좋아요. 이 게임 끝나고 할게요.
**f빠인. 알두읻앺f떨r디쓰게임.**

EI-0211

**Whatcha in the mood for?**
뭐 하고(먹고) 싶어?
**왓챠인더믇f뾜r?**

EI-0212

**Does pizza sound ok with you?**
피자 괜찮지?
**더z즈피잋z짜아싼엌케이윋th유?**

EI-0213

**I feel like something light. What sounds good to you?**
좀 가벼운 거 먹고 싶어요. 뭐가 좋을까요?
**아f삘랔썸띵(읊)라잍. 왓싼z즈귿투유?**

EI-0214

**Actually, can I get the salad instead?**
샐러드를 먹어도 될까요?
**액셜리, 캐나겟더쌀럳인쓰땓?**

EI-0215

**Sure! Anything else for you?**
물론이죠! 더 필요한 건 없으세요?
**셜r! 앤th띵엘쓰f뽈r유?**

EI-0216

**Where ya headed?**
어디 가는 길이세요?
**웰r야해릳?**

EI-0217

**I'm looking for the park. Is it around here?**
공원을 찾고 있어요. 이 근처에 있나요?
**암릌낑f뽈r더팔rㄲ. 이z짙어롼히얼r?**

EI-0218

**Can you tell me where the bank is?**
은행이 어디에 있는지 알려주실래요?
**킨뉴텔ㄹ미웰r더뱅끼z즈?**

EI-0219

**How far is the nearest grocery store?**
가장 가까운 식료품점까지 얼마나 걸리나요?
**하f빨r이z즈더니어쓰 그롸써뤼쓷또얼r?**

EI-0220

**Not far. It's right down the street, on the left.**
그리 멀지 않습니다. 길을 따라 왼쪽에 있습니다.
**낫f빨r. 잇츠롸잍단더쓭튜륄, 언들레f뜰.**

# 03

EI-0221

**Is there a gas station around here?**

이 근처에 주유소가 있나요?

이z즈데얼r어게쓷떼이션 어롼이얼r?

EI-0222

**No, you'll have to drive about 10 minutes to the next one.**

아니요, 10분 정도 가면 있습니다.

노, 율랩v루듀롸입밭텐미닛츠루더넥쉰.

EI-0223

**What's that like?**

그게 어때?

왓츠댈락?

EI-0224

**How did you feel about that?**

그것에 대해 기분이 어땠어요?

하딛유f삘러밭th댓?

EI-0225

**What's up with that?**

그게 무슨 일이야?

왓쩝윋th됕?

EI-0226

**What's that all about?**

그게 다 뭐야?

왓츠대럴러밭?

EI-0227

**What's the deal?**

무슨 일이야?

왓츠더딜ㄹ?

EI-0228

**Baby, watch my stuff, alright?**
자기야, 내 물건 좀 봐줘.
베비, 왓취마씉떺f얼롸?

EI-0229

**Could you watch my stuff?**
내 물건 좀 잠시만 봐주시겠어요?
크쥬왓취마씉떺f?

EI-0230

**I really don't know.**
정말 모르겠어요.
아륄리던노.

EI-0231

**Now, how do I look?**
나 어때?
나 하루알륵?

EI-0232

**Um... wow, that's very nice of you.**
와우... 정말 친절하시네요.
엄... 와우, th댑츠v붸뤼나이써v뷰.

EI-0233

**Why do you say that?**
왜 그런 말을 하세요?
와이두유쎄이되앨?

EI-0234

**So, what can I do for you?**

# 03

무엇을 도와드릴까요?

**쏘왁큰아두f뿰r유?**

EI-0235

**Keep the change.**

잔돈 가지세요.

**킾더췌인쥐.**

EI-0236

**So what happened?**

그래서 어떻게 됐어요?

**쏘와랲쁜?**

EI-0237

**Looking forward to it.**

기대되네요.

**(을)륵낑f뽀월r루잍.**

EI-0238

**Hey, look who's here.**

오, 이게 누구야.

**헤, 을륵꾸z지얼r .**

EI-0239

**Let me show you something.**

내가 뭐 좀 보여줄게.

**(을)렘미쇼유썸띤.**

EI-0240

**Just give me one second.**

잠깐만요.

**져쓰김미원쎄껀.**

EI-0241

**It's pretty affordable.**

나름 저렴해요.

잇츠플r디 어f뽈r더블ㄹ.

EI-0242

**I will be ready in 10 minutes.**

10분 안에 준비할게요.

알ㄹ비뤠딘텐미닛츠.

EI-0243

**Are you busy tonight?**

오늘 혹시 바빠요?

얼r유비z지르낱?

EI-0244

**I have got something for you.**

제가 드릴 게 있어요.

압v같썸띤f뽈r유.

EI-0245

**How far is this place?**

얼마나 멀어요?

하f빨r이z즈디쓰플레이쓰?

EI-0246

**Just around the corner.**

코너를 돌면 바로예요.

져써뢴th더콜r널r.

EI-0247

**Do you want juice or something?**

주스 같은 거 줄까?

듀원쥬쏠r썸띤?

# 03

EI-0248

**Hey, do you have a pencil I can borrow?**
헤이, 연필 하나만 빌려줄래?
**헤이 젭v어펠쓸랔낀바뤄?**

EI-0249

**Hey, do you have a piece of paper I can borrow?**
종이 하나만 빌려줄래요?
**헤이 젭v어피썹페잎뻘r아낀바뤄?**

EI-0250

**Steve, have a seat.**
스티브, 앉아봐.
**쓷띱v 해v뷖씉.**

EI-0251

**Why don't you have a seat?**
자리에 앉지 그래요?
**와이던유햅v어씉?**

EI-0252

**Do you want to come in for a sec?**
잠깐 들어오지 그래?
**유워너커엄인f뽀뤄쎅?**

EI-0253

**Can we talk about this tomorrow?**
내일 얘기할 수 있을까요?
**캔위턱받디쓰틈뤄?**

EI-0254

**Can we get a new one?**
새 걸로 받을 수 있을까요?
**캔위게러뉴원?**

EI-0255

**Can I see your ID?**
신분증 좀 볼 수 있을까요?
캔아씨유아이디?

EI-0256

**No, thanks. I'll pass.**
괜찮아요. 사양할게요.
나, th땡쓰. 알ㄹ패쓰.

EI-0257

**(Do you) See anything you like?**
맘에 드는 거 있어요?
(듀)씬이띵율랔?

EI-0258

**Would you give us a moment, please?**
잠깐 자리 좀 비워 주실래요?
쥬기v뷔써모먼플리zㅈ?

EI-0259

**Why don't you try it on?**
한 번 입어보시겠어요?
와런유튜롸이리런?

EI-0260

**Where (have) you been?**
어디 갔다 왔어요?
웰rv뷰빈?

EI-0261

**Um, how much do I owe you?**
얼마 드리면 될까요?
엄, 함취두아오유?

# 03

EI-0262

**We have a lot to do, so let's get started.**

해야 할 일이 많으니 바로 시작하시죠.

위애v뷀랕투두, 쏠렛츠겥쓷땈r딛.

EI-0263

**That sounds like a lot of fun.**

정말 재미있을 거 같아요

th탵싼z즐랔껄라러f뻔.

EI-0264

**OMG, are you serious?**

와, 진짜로?

오엠쥐, 얼r유씨뤼어쓰?

EI-0265

**Okay, I can come by.**

네, 들를 수 있어요.

엌케이 아킨커엄바이.

EI-0266

**Great, great, let me give you my card.**

좋아요, 제 명함 드릴게요.

그뤨, 그뤠잍, (을)렘미기v뷰마캴rㄷ.

EI-0267

**It's kind of messy.**

좀 지저분해요.

잇츠칸어메씨.

EI-0268

**Is this a bad time?**

지금 시간 안 되나요?

이써밷탐?

EI-0269

**I should probably get going.**
슬슬 가봐야 할 것 같아요.
아슌플r블리겟고잉.

EI-0270

**How do I get in touch with you?**
어떻게 연락할 수 있나요?
하루아게린터췬th유?

EI-0271

**God, it's been a long time.**
와, 진짜 오랜만이네요.
가앋, 잇츠빈얼렁타임.

EI-0272

**Can I talk to you outside for a second?**
밖에서 잠깐 얘기할 수 있을까요?
캐나텈투유앝싸읻f뽀뤄쎄껀?

EI-0273

**You want to go out to dinner? I know a great place.**
저녁 먹으러 갈래요? 저 정말 괜찮은 곳 알아요.
유워너고앝투디널r? 아노어그뤹플레이쓰.

EI-0274

**You need a ride?**
태워 드릴까요?
유닏어롸읻?

EI-0275

**You got to try one of these.**
이거 꼭 먹어봐야 해요.
유가러튜롸이원어th디zㅈ.

# 03 14. Common Questions about Where You Live

EI-0276

**Where are you from?**

어디에서 오셨어요?

웰r유f쁘뤔?

EI-0277

**I am from Asheville, North Carolina. It's a pretty quiet place, but it's definitely up and coming!**

저는 노스캐롤라이나 주 애슈빌에서 왔습니다. 꽤 조용한 곳이지만 확실히 떠오르고 있습니다!

암f쁘뤔애쉬v빌ㄹ, 놀r캐뤌라이나. 잇처플r디콰엍플레이쓰, 버릿츠 뎊f닡(을)리엎뺀커밍!

EI-0278

**What is it like there?**

그곳은 어떤가요?

와리z질랔데얼r?

EI-0279

**It's pretty chill and not very busy until the fall season when all the tourists come to see the fall leaves.**

가을철 관광객들이 단풍 구경을 오기 전까지는 꽤 한적하고 바쁘지 않아요.

잇츠플r디췰리앤낟v붸뤼비z지언틸ㄹ더f뻘ㄹ씨z즌 웬얼ㄹ더튜뤼쓷츠커엄루씨더f뻘립vz즈.

EI-0280

**What is the weather like?**

날씨는 어떻습니까?

와리z즈더웨덜ㄹ랔?

EI-0281

**Most seasons are pretty mild. We're in the south, but also in the mountains, so it's never too extreme.**

대부분의 계절은 꽤 온화합니다. 우리는 남쪽에 있지만 산에 있기 때문에 결코 극단적이지 않습니다.

**머씨z즌z잘r플r디마일ㄹ. 월r인더싸욷th, 벋얼ㄹ쏘 인너마운-은z즈, 쏘잇츠네v뷜r투익쓰튜륌.**

EI-0282

**When is the best time to visit?**

방문하기 가장 좋은 시기는 언제인가요?

**웬이z즈더베쓷탐루v븨z짙?**

EI-0283

**The fall is the perfect time to visit, but that's also when everyone else wants to visit, so it can be crowded.**

가을은 방문하기 딱 좋은 계절이지만 모두가 방문하고 싶어하는 시기이기도 해서 붐빌 수 있습니다.

**th더f뿰리z즈더펄f뻭탐루v븨z짙,벋댓철ㄹ쏘웬엡v위이워ㄴ엘ㄹ쓰 원츠루v븨z짙, 쏙큰비크롸우딘.**

EI-0284

**What is it known for?**

그곳은 무엇으로 유명한가요?

**와리z짙논f뽈r?**

EI-0285

**A lot of people visit to go to the mountains. Plus, we have really good food and tons of breweries with local beer.**

많은 사람들이 산에 가기 위해 방문합니다. 게다가, 우리는 정말 좋은 음식과 현지 맥주를 판매하는 수많은 양조장을 가지고 있습니다.

**얼라러핖쁠ㄹv븨z지루고루더마운-은z즈. 플러쓰 위앱v륄리귿f뿓앤 턴z접브루어뤼z즈윋th(을)럭껄ㄹ비얼r.**

# 03

EI-0286

**What is your favorite thing to do or see there?**
그곳에서 가장 좋아하는 일이나 볼거리는 무엇입니까?
**와리z절f뻬v벝th띵루두 올r씨th데얼r?**

EI-0287

**You definitely need to take a drive on the Blue Ridge Parkway! I can show you some awesome views.**
Blue Ridge Parkway에서 드라이브를 꼭 해봐야 합니다! 멋진 뷰를 볼 수 있어요.
**유뎊f쁜(을)리니루테잌꺼듀롸이v뷘더블루륏쥐팔r꿰이! 아킨쇼유썸어씀v뷰zㅈ.**

EI-0288

**What do you recommend?**
무엇을 추천하시겠어요?
**와루유뤠맨?**

EI-0289

**Come visit in the fall when the weather is nice. You can go hiking and camping and try some of our best local restaurants and breweries.**
날씨 좋은 가을에 방문해 보세요. 하이킹과 캠핑을 가거나 최고의 현지 레스토랑과 양조장을 방문할 수 있습니다.
**커엄v븨z짙인th더f뻘ㄹ 웬th더웨덜r이zㅈ나이쓰. 육킨고하이낑앤캠삥앤튜롸이썸알r베쓷(을)럭껄뤠쓷랑z잰브루어뤼zㅈ.**

EI-0290

**I'm unna visit my friend.** (Going to > gonna > unna)
친구를 만나러 갑니다.
**암언어v븨z짙마f쁘뤤.** (고잉루> 건어> 언어)

EI-0291

**Where's the store?**
가게가 어디예요?

웰rz즈더쓷또얼r?

EI-0292

**It's jus' down the street.**
바로 길 아래에 있습니다.
잇쳐쓰단더쓷튜륕.

EI-0293

**I'm tired. I gotta get to bed early tonight.** (I have got to > I've got to > I gotta)
피곤해요. 오늘 밤은 일찍 자야겠어요.
암타이얼. 아가러겥투벧얼리루나잍. (아햅v같투> 압v같투> 아가러)

EI-0294

**They know what's gonna kin'a give it that extra edge.** (Going to kind of > gonna kind of > gonna kin'a)
그들은 무엇이 그것에 특별한 이점을 줄지 알고 있습니다.
th데이노왓츠거너칸어기v빝 th댇엑쓰튜롸엣쥐.
(고잉루카인더> 건어카인더> 건어카너)

EI-0295

**It's pro'ly gonna be pretty similar.** (Probably going to > probably gonna > prob'ly gonna> pro'ly gonna)
아마 꽤 비슷할 것입니다.
잇츠플ㄹ리건어비플r디씸일럴. (프롸밥(을)리고잉투> 플r발리건어> 플r블리건어> 퐐r리건어)

EI-0296

**Grab an umbrella. It's pro'ly gonna rain later.**
우산을 들고 가. 나중에 비가 올 것 같아.
그뤱언엄브뤨러. 잇츠플r블리건어뤠인(을)레이럴r.

## 15. How To Use In, On, and At

EI-0297

**Did you find your coat in the closet?**
옷장에서 코트를 찾으셨나요?
디듀f빤열r콭인th더클라z짙?

EI-0298

**I love to spend summer vacation in the mountains.**
나는 산에서 여름 휴가를 보내는 것을 좋아합니다.
알럽v루씊뺀썸어v뷁케이션 인더마운-은zZ.

EI-0299

**I enjoy taking walks early in the morning.**
나는 아침 일찍 산책하는 것을 즐깁니다.
아인죠텍낑웍쓰 얼리인더몰r닝.

EI-0300

**Do you have this in a smaller size?**
이거 작은 사이즈로 있나요?
쥅v디씬어씀얼럴r싸이zZ?

EI-0301

**Do you have this in red?**
이거 빨간색 있어요?
쥅v디씬뤤?

EI-0302

**Do you believe in love at first sight?**
첫눈에 반하는 사랑을 믿습니까?
듀블립v인 (을)러v밷f뻘r쓰싸읻?

EI-0303

**Oh no! I spilled coffee on my homework!**

어떡해! 숙제에 커피를 쏟았어!
오우노! 아씊쁼ㄹ커엎f삐이 언마호오움웕!

EI-0304

**I jumped when he tapped me on my shoulder.**
그가 내 어깨를 두드리자 나는 펄쩍 뛰었다.
아점뜨웬이탶미언마숄ㄹ덜r.

EI-0305

**Do you have a date on Saturday night?**
토요일 밤에 데이트 있니?
줼v어데잍언쌘얼r데이낱?

EI-0306

**The building is on fire!**
건물에 불이 났어요!
th더빌ㄹ딩z전f빠이얼r!

EI-0307

**My date was on his phone the whole night. It was so rude!**
내 애인은 밤새도록 전화통을 붙들고 있었어. 너무 무례해!
마데이뤄z젼이zㅈf뽄 th더홀ㄹ나잍. 이러쏘룯!

EI-0308

**My favorite cafe is at the end of this street.**
내가 가장 좋아하는 카페는 이 거리 끝에 있습니다.
마f쀄v벌카f쀄이z잴디엔덥디씉뤹.

EI-0309

**My date will be here at 5:15.**
내 애인은 5시 15분에 여기 도착할 겁니다.
마데잍(을)ㄹ비이얼r앹f빱f삡띤.

EI-0310

**We are having dinner at my favorite restaurant.**
우리는 내가 가장 좋아하는 식당에서 저녁을 먹고 있습니다.
월r애v빙디널r앳마f뻬v벌뤳쓷ㄸ뢴.

EI-0311

**You can email me at herb13@gmail.com.**
herb13@gmail.com으로 이메일을 보내시면 됩니다.
육낀이메일ㄹ미앳 헓th떨틴앳쥐메일ㄹ닷컴.

EI-0312

**He is really good at juggling.**
그는 저글링을 정말 잘합니다.
히z즈뤨리귿앳져글링.

## 16. Common Questions about Jobs

EI-0313

**What do you do?**
무슨 일을 하십니까?
와루유두?

EI-0314

**My 9 to 5 is working in a doctor's office, but my side-hustle is photography. I'm building my own business!**
9시부터 5시까지는 병원에서 일하고 있지만 부업은 사진 찍기입니다. 나는 내 사업을 구축하고 있습니다.
마나인루f빠입v이z즈 월r낑인어닥털rz저f삐쓰, 범마싸읻허쓸리z즈f뽀러그뤠f삐. 암빌ㄹ딩마온비z진쓰!

EI-0315

**What's that like?**

그건 어떨죠?

왓츠댈랔?

EI-0316

**I like the doctor I work for, but the job is just a job. I really want to grow my photography gig into a full-time business.**

나는 의사로서의 일은 좋아하지만 직업은 직업일 뿐입니다. 나는 정말로 내 사진 작업을 성장시키고 싶습니다.

알랔더닥털r 아월rㄲf뽈r, 벋더잡이져써잡. 아륄리워너그뤄마f뽀로그뤠f이긱 인투어f뿔ㄹ탐비z진쓰.

EI-0317

**Where are you working these days?**

요즘 어디서 일하세요?

웰r유월r낑th디z즈데이z즈?

EI-0318

**I work for Google in Information Technology.**

저는 정보 기술 분야의 Google에서 근무합니다.

아월rㄲf뽈r구글린인f뽈r메이션텍널러쥐.

EI-0319

**How's work going?**

일은 어때요?

하z줡고잉?

EI-0320

**It's interesting work, but I don't have much work/life balance, and I'm afraid I'm going to burn myself out soon.**

재미있는 일이지만 일과 삶의 균형이 별로 없고 곧 지쳐버릴 것 같아요.

잇친터뤠쓷띵월ㄲ, 버라던앰머췔ㅋ/(을)라잎f밸런쓰, 앤아머 f프뤠읻암므느벌r마쎌얕쑨.

# 03

EI-0321

**Hey, Olivia. Where are you working these days?**

안녕, 올리비아. 요즘 어디서 일해?

**헤이, 얼리v븨아. 웰r유월r낑디z즈데이z즈?**

EI-0322

**Hi, David. I run an online business, so I can work from anywhere! It's pretty great.**

안녕, 데이빗. 난 온라인 비즈니스를 운영해서 어디에서든 일할 수 있어! 너무 좋아.

**하이, 데이v빋. 아뤈언언(을)라인비z진쓰, 쏘아낀웕f뻐뤔애니웨얼r 잇츠플r디그뤨.**

EI-0323

**Wow! What's that like?**

우와! 그게 어때?

**우와우! 왓츠th댈락?**

EI-0324

**Well, I help people learn to speak English with confidence. It's my dream job!**

음, 나는 사람들이 자신 있게 영어로 말할 수 있도록 도와줘. 내 꿈의 직업이야!

**웰ㄹ, 아헲핖쁠런루쓮삑잉ㄱ을잇쉬윋칸f삐든쓰. 잇츠마듀륌좝!**

EI-0325

**But I have to be careful not to burn out.**

지치지 않게 잘 해야지.

**버라앱v루비케얼rf뿔ㄹ낱투벌r낱.**

EI-0326

**That sounds awesome, but I understand.**

굉장하다. 그것도 이해가 가네.

**th대싼z저씀, 버라언덜쓷땐.**

EI-0327

**What about you?**

넌 어때?

와러밭유?

EI-0328

**Well, unfortunately, I got laid off when the coffee shop closed, and I've been working part time at a hotel for the past few months.**

글쎄요, 안타깝게도 저는 카페가 문을 닫으면서 정리 해고를 당했고, 지난 몇 달 동안 호텔에서 아르바이트를 하고 있어요.

웰ㄹ, 언f뽈r튜닡(을)리, 아갈레이렆f웬더커엎f삐이샾클로z즌, 앤아빈월r낑팔r탐애러홑텔ㄹf뽈r더패쓰f쀼먼z쯔.

EI-0329

**Oh no! That's a bummer. Have you ever worked in marketing? If you're looking for a side-gig, I need someone to help behind-the-scenes.**

이런! 안타까운 일이야. 마케팅 분야에서 일한 적이 있니? 부업을 찾고 있다면 뒤에서 도와줄 사람이 필요해.

오노우! th뎉처범얼r. 햅v에v뷜월r띤말r키딩? f뼐륵낑f뽀뤄싸읻긱, 아닏써뭔루헬ㄹ삐한th더씬z즈.

EI-0330

**Wow, that would be great! Tell me more about it.**

와우, 그거 좋겠어! 자세히 알려줘.

우와우, th뎉비그뤠잍! 텔ㄹ미모얼r바릳.

## 17. Speaking about Weekend Plans

EI-0331

**Hey! What are you up to this weekend?**

# 03

안녕, 이번 주말에 뭐 할거야?

헤이! 와럴유엎투디씩깬?

EI-0332

**Nothing much, I am going to stay in and catch up on some chores on Saturday, but Sunday I am meeting some friends for brunch.**

별로 할 건 없어. 토요일에 집안일을 할 예정이지만 일요일에는 친구들을 만나서 브런치 먹을 예정이야.

낫th띤머취, 암건어쓷떼이 앤캣쳪뻔썸촐썬쌔럴데이, 벋썬데이암미링썸f쁘렌z즈f뽈r브뤈취.

EI-0333

**That sounds fun! Where is your favorite brunch spot?**

재밌겠다! 좋아하는 브런치 장소는 어디야?

th댙싼z즈f뻔! 웰rz졀rf뻬v벋브뤈취씊앋?

EI-0334

**I usually go to Sunny Morning Cafe. What about you? What have you got going on this weekend?**

보통 Sunny Morning 카페에 가. 너는? 이번 주말에 뭐 할 거니?

아유z졀리고루써니몰r닝카f뻬이. 와밭유? 와래v뷰같고잉언th디씩깬?

EI-0335

**I'm kind of a homebody, so I'll probably just read a book in my hammock.**

나는 거의 집순이라 아마도 해먹에서 책을 좀 읽을 거야.

암카너호오움바디, 쏘알ㄹ플r블리져쓰뤼어븍낀마해멍.

EI-0336

**That sounds nice! Well, have a good weekend, enjoy your book!**

완전 좋다! 그럼 즐거운 주말 보내고 책도 재밌게 읽어!

th댙싼z즈나이쓰! 웰ㄹ해v붜귿웤깬, 인죠열r븍!

EI-0337

**Thanks, you too! Have a good weekend!**
고마워. 너도 좋은 주말 보내!
th땡슈투 해v붜귿윅캔

## 18. Talking about Gardening

EI-0338

**I plant the seeds in the soil.**
씨앗을 흙에 심는다.
아플랜th떠씯z진더쏘일.

EI-0339

**Spring has sprung.**
봄이 왔어요.
쓰프륑해쓮뤙.

EI-0340

**The birds are chirping.**
새들이 지저귄다.
th벌z쟐쳘r삉.

EI-0341

**In the springtime, buds turn into blooms.**
봄에는 새싹이 꽃으로 변합니다.
인th더쓮륑탐, 벋z즈털r닌투블룸z즈.

EI-0342

**The seedlings are sprouting.**
새싹이 돋아나고 있습니다.
th더씯(을)링z절r쓮롸링.

# 03

EI-0343

**Flowers bloom in the spring.**

꽃은 봄에 핍니다.

f뜰라월z즈블룸인더쓸륑.

EI-0344

**When my son lied to me for the first time, I knew that I needed to nip it in the bud.**

내 아들이 처음으로 나에게 거짓말을 했을 때 나는 그것을 싹부터 잘라내야 한다는 것을 알았습니다.

웬마썬(을)라읻루미 f뽈r더f뻘쓷탐, 아뉴댇아니릳우닢삗인더벋.

EI-0345

**I put antibiotic cream or Neosporin on my cut.**

나는 상처에 항생제 연고나 네오스포린을 바른다.

아풋앤타이바더릭크륌얼r 니오쓮어륀언마컷.

EI-0346

**I put a Band-Aid on my cut.**

상처에 반창고를 붙였습니다.

아풑어밴에이런마컷.

EI-0347

**I think I have a fever.**

열이 있는 것 같아요.

아th띵까애v붜f삐v뷜r.

EI-0348

**I need to take my temperature.**

체온을 측정해야 합니다.

아니루텡마템쀳쳘r.

EI-0349

**I use a thermometer to take my temperature.**

체온을 측정하기 위해 온도계를 사용합니다.

아유z저th떨마미럴r루텝마템뿼쳘r.

EI-0350

**If I have an allergic reaction, I take Benadryl or antihistamine.**

알레르기 반응이 있으면 베나드릴이나 항히스타민제를 복용합니다.

f빠v뷘알r럴r줘뤼액션, 아텍벤어듀뤌ㄹ 올r앤타이히쓭어민.

EI-0351

**I am feeling sick, so I need to take medicine.**

몸이 아파서 약을 먹어야 해요.

암f삘링씩, 쏴닏루텍멘쓴.

EI-0352

**If you think you are pregnant, you take a pregnancy test.**

임신했다고 생각되면 임신 테스트를 하세요.

f쀼th띵열r풴는, 유텍꺼풴는씨테쓭.

EI-0353

**I have a splinter in my finger.**

손가락에 가시가 박혔어요.

햅v어 쓮(을)린털r인마f삥걸r.

EI-0354

**I took the splinter out with tweezers.**

핀셋으로 가시를 빼냈습니다.

아틐더쓮(을)ㄹ린털앝윋th튀z절r쓰.

EI-0355

**The medicine is in the first aid kit.**

약은 구급 상자에 있습니다.

th더멘쓴z진더f뻘쓷엗킽.

# 03

EI-0356

**When you feel sick, the doctor will give you a prescription.**

몸이 아프면 의사가 처방전을 줄 것입니다.

웬여f삘씩, 더닥틀r(읕)ㄹ기v뷰어펄r쓰큽션.

EI-0357

**The doctor prescribes medicine.**

의사가 약을 처방합니다.

th더닥떨r펄r쓰크랍쓰멘쓴.

EI-0358

**I need to book a doctor's appointment.**

의사 진료를 예약해야 합니다.

아니루븍꺼닥떨rz졒포인믄.

EI-0359

**When you break a bone, the doctor will give you a cast.**

뼈가 부러지면 의사가 캐스트를 해줍니다.

웬뉴브뤠꺼본더닥뜰r(읕)를기v뷰어캐쓷.

EI-0360

**A cast helps a broken bone heal properly.**

캐스트는 부러진 뼈가 적절하게 치유되도록 도와줍니다.

어캐쓷헯써브뤄끈본힐팔r펄ㄹ리.

EI-0361

**I have a toothache.**

치통이 있어요.

아햅v어튼th엑.

EI-0362

**I think I have a cavity in my tooth.**

치아에 충치가 있는 것 같아요.
아th띵까해v뷔캐v뷔린마툳th.

EI-0363

**The dentist will need to fill the cavity.**
치과 의사는 충치를 메워야 합니다.
th더덴티씉(읃)닏루f삘ㄹ더캐v븨리.

EI-0364

**I don't feel well. I think I have food poisoning.**
몸이 좋지 않아요. 식중독에 걸린 것 같아요.
아런f삘ㄹ웰ㄹ. 아th띵까해f쁘포이z즌잉.

EI-0365

**I feel nauseous, I think I'm going to throw up.**
속이 울렁거려서 토할 것 같아요.
아f삘ㄹ나셔쓰, 아th띵깜건어(므느)th뜨뤄얻.

EI-0366

**The doctor will use a stethoscope to listen to your heart.**
의사는 청진기를 사용하여 심장 소리를 듣습니다.
th더닥떠를류z저씉텐th또쓰꾶룰리쓴루열r핦r.

EI-0367

**The doctor checks your blood pressure.**
의사는 혈압을 확인합니다.
th더닥떨r췔쎨r블런플셜r.

EI-0368

**The doctor will take your temperature.**
의사가 체온을 측정할 것입니다.
th더닥떠를ㄹ 텍열r템쀳쳘r.

# 03

EI-0369

**The doctor will check your ears, eyes, nose, and mouth.**

의사가 귀, 눈, 코, 입을 검사할 것입니다.

th더닥떠를ㄹ췍열r이얼rz자이z즈노z잰마웉th.

EI-0370

**You might get a shot at the doctor's office.**

병원에서 주사를 맞을 수도 있습니다.

유맡게러샤앳th더닥떨rz져f삐쓰.

EI-0371

**My head hurts.**

머리가 아파요.

마해덜r츠.

EI-0372

**My nose is running.**

콧물이 나요.

마노z지z즈뤈잉.

EI-0373

**My throat is sore.**

목이 따가워요.

마th뜨뤌이쏠r.

EI-0374

**I think I have a cold.**

감기에 걸린 것 같아요.

아th띵까해v붜콜ㄹ.

EI-0375

**You use a brush or sponge to put powder on your face.**

브러시나 스펀지를 사용하여 얼굴에 파우더를 바릅니다.

유유z저브뤄쉬올r쑶뻔쥐루푼파우럴r언열rf뻬이쓰.

EI-0376

**I use an eyelash curler to curl my eyelashes.**
나는 뷰러를 사용하여 속눈썹을 컬링합니다.
아유z전아일래쉬컬럴r루컬ㄹ마아일래쉬zㅈ.

EI-0377

**I put mascara on my eyelashes.**
속눈썹에 마스카라를 발랐습니다.
아픋매쓰커롸 언마알래쉬zㅈ.

EI-0378

**I put eyeliner on my eyelids.**
눈꺼풀에 아이라이너를 그렸어요.
아픋알라이널r 언마아일릳zㅈ.

EI-0379

**I put eyeshadow on my eyelids.**
눈꺼풀에 아이섀도우를 발랐어요.
아픋아쉐도 언마아일릳zㅈ.

EI-0380

**I cannot see well, so I wear glasses.**
잘 안보여서 안경을 씁니다.
아캔낱씨웰ㄹ 쏴웰r글래씨zㅈ.

EI-0381

**I need to put in my contacts.**
콘택트렌즈를 끼워야 합니다.
아니루픋인마컨택츠.

EI-0382

**I put concealer under my eyes and on my face.**

03

컨실러를 눈 아래와 얼굴에 바릅니다.

아픈칸씰럴r언덜r마아이z잰언마f뻬이쓰.

EI-0383

**I put blush on my cheeks.**

뺨에 볼터치를 발랐습니다.

아픈블러션마칆쓰.

EI-0384

**I put lipstick on my lips.**

나는 입술에 립스틱을 바릅니다.

아플맆쓰띡껀말맆쓰.

EI-0385

**When your skin is dry, you put on moisturizer, or lotion.**

피부가 건조할 때는 모이서처나 로션을 바르세요.

웬열r쓱낀이z쥬롸이 유픈언모쓷츄롸z졀r얼로션.

EI-0386

**I put deodorant in my armpits so that I smell better.**

겨드랑이에 데오드란트를 발라서 냄새를 한결 좋아지게 한다.

아픈디오듀뤈인마암핕쏘th뎁아씀엘베럴r.

EI-0387

**I use makeup remover to take the makeup off my face before I go to bed.**

나는 자기 전에 메이크업 리무버를 사용하여 얼굴에 화장을 지웁니다.

아유z즈멕껖뤼무v뷜r루텍더멕껖엄마f뻬이쓰 비f뽈r아고루벧.

## 19. Going To

EI-0388

**I'm gonna take a walk.**
나는 산책을 할거야.
암건어텍꺼웍.

EI-0389

**He's gonna make a presentation.**
그는 프레젠테이션을 할 것입니다.
히z즈건어멕꺼플z젠테이션.

EI-0390

**They're gonna bake a cake.**
그들은 케이크를 구울 것입니다.
데얼r건어벡꺼케잌.

EI-0391

**I'm not gonna take a walk.**
나는 산책을 하지 않을 거야.
암나건어텍꺼웍.

EI-0392

**He's not gonna make a presentation.**
그는 발표를 하지 않을 것이다.
히z즈나건어멕꺼플z젠테이션.

EI-0393

**They're not gonna bake a cake.**
그들은 케이크를 굽지 않을 것입니다.
데얼r낱거너베잌꺼케잌.

EI-0394

**I wanna visit Norway.**

# 03

노르웨이를 방문하고 싶습니다.
아원어v븨z짙놀r웨이.

EI-0395

**They wanna come over today.**
그들은 오늘 오고 싶어 합니다.
th데이원어커엄어v뷜r루데이.

EI-0396

**I don't wanna visit Norway.**
나는 노르웨이를 방문하고 싶지 않습니다.
아던원어v븨z짙놀r궤이.

EI-0397

**They don't wanna come over to my house.**
그들은 우리 집에 오기를 원하지 않습니다.
th데이던원어컴어v뷜r루마하우쓰.

EI-0398

**I hafta study English every day.** (have to = hafta)
나는 매일 영어를 공부해야 한다.
아햎f떠쓭떠리잉ㄱ을잇쉬 엡v위이데이. (햅v뚜=햎f떠)

EI-0399

**You hafta take the test.**
당신은 시험을 치러야 합니다.
유햎f떠텍더테쓷.

EI-0400

**She hasta call her mom.**
그녀는 엄마에게 전화해야 합니다.
쉬해z즅터컬럴r맘.

EI-0401

**I don't hafta study every day.**
나는 매일 공부할 필요가 없습니다.
아던핾f떠쓭떠디엡v위이데이

EI-0402

**You don't hafta take the test.**
시험을 보지 않아도 됩니다.
유던핾f떠텤더테쓷.

EI-0403

**She doesn't hafta call her mom.**
그녀는 엄마에게 전화할 필요가 없습니다.
쉬더z즌핾f떠컬럴r맘.

EI-0404

**I gotta buy some groceries.**
식료품을 좀 사야 해요.
아가러바썸글r써뤼z즈.

EI-0405

**He's gotta wake up early.**
그는 일찍 일어나야 해요.
히z즈가러웨껍얼리.

EI-0406

**You gotta chew with your mouth closed.**
입을 다물고 씹어야 합니다.
유가러츄윋th열r맏th클로z즏.

EI-0407

**I don't need to buy some groceries.**
식료품을 살 필요가 없습니다.
아런니루바썸글r써뤼z즈.

# 03

EI-0408

**You don't need to chew with your mouth closed.**
입을 다물고 씹을 필요가 없습니다.
**유런니루츄윋th열맏th클로z즌.**

EI-0409

**He doesn't need to wake up early.**
그는 일찍 일어날 필요가 없습니다.
**히더z즌니루웨껖얼리.**

EI-0410

**I'm tryna improve my pronunciation.** (Trying to = tryna)
나는 내 발음을 향상시키려고 노력하고 있습니다.
**암튜롼어 임플v브마플r넌쎄이션.** (튜롸잉루= 튜롼어)

EI-0411

**She's tryna take a nap.**
그녀는 낮잠을 자려고 합니다.
**쉬z즈튜롼어텤꺼냎.**

EI-0412

**They're tryna find their dog.**
그들은 개를 찾으려고 노력하고 있습니다.
**데얼r튜롼어f뽠th데얼r닥.**

EI-0413

**I'm not tryna improve my pronunciation.**
나는 내 발음을 향상시키려는 것이 아닙니다.
**암낱튜롼어 임플v마플r넌쎄이션.**

EI-0414

**She's not tryna take a nap.**
그녀는 낮잠을 자려고 하지 않습니다.

쉬z즈낱튜롼어텝꺼냎.

EI-0415

**They're not tryna find their dog.**
그들은 개를 찾으려고 하지 않습니다.
th데얼r낱튜롼어f뽠th데얼r닥.

EI-0416

**I'd like to go.**
가고 싶어요.
앋(을)랔루고.

EI-0417

**He's busy.**
그는 바쁘다.
히z즈비z지.

EI-0418

**What're you doing?**
지금 뭐해?
워럴r여둥?

EI-0419

**I'm gonna study English.**
나는 영어를 공부할 거야.
암건어쓷떠디잉ㄱ을잇쉬.

EI-0420

**I wanna study English.**
나는 영어를 공부하고 싶다.
아원어쓷떠딩ㄱ을잇쉬.

EI-0421

**I gotta study English.**

# 03

나는 영어를 공부해야 해.
아가러쓷떠딩ㄱ을잇쉬.

EI-0422

**I hafta study English.** (have to)
나는 영어 공부해야 해요.
아햀f떠쓷떠딩ㄱ을잇쉬.

EI-0423

**Whatcha doin'?** (What are you doing?)
뭐 해?
왓쳐두인?

EI-0424

**Whereya goin'?** (Where are you?)
어디 가?
웰r여고인?

EI-0425

**Wouldja help me?** (Would you)
저를 좀 도와주시겠어요?
으뎌헲미?

EI-0426

**I go ou' every nigh'.** (go out)
나는 매일 밤 외출한다.
아괕엡v위이나읻.

EI-0427

**I foun' a blue an' white car'.** (I found a blue and white card.)
나는 파란색과 흰색 카드를 발견했다.
아f빤어블부은와읻칼r.

EI-0428

**I think 'e's right.** (I think he's right.)
나는 그가 옳다고 생각한다.
아th띵끼z즈롸잍.

EI-0429

**It's 'is turn.** (It's his turn.)
그의 차례다.
잇치z즈턴.

EI-0430

**It's 'er turn.** (It's her turn.)
그녀의 차례다.
잇쳘r턴.

EI-0431

**I listen to 'em.** (I listen to them.)
나는 그들의 말을 듣는다.
알리쓴루듬.

EI-0432

**The sweater is better.**
그 스웨터가 더 좋습니다.
th더스웨럴rz즈베럴r.

EI-0433

**I like water.**
나는 물을 좋아한다.
알랔워럴r.

EI-0434

**Put it in the desk.**
책상에 넣어.
프리른th더데쓱.

# 20. Daily Life 2

EI-0435

**I bonk my head on the couch.**
나는 소파에 머리를 부딪쳤다.
아방ㅋ마핻언th더카우취.

EI-0436

**I greet my husband.**
남편에게 인사합니다.
아그륌마허스밴.

EI-0437

**We chat about the day.**
우리는 그날에 대해 이야기합니다.
위챋받th더데이.

EI-0438

**I convince my husband to rub my back.**
나는 남편에게 내 등을 문질러 달라고 한다.
아컨v빈쓰마허스밴루럽마'배액.

EI-0439

**I thank him for helping me.**
나는 그가 나를 도와준 것에 감사한다.
아th땡낌f뽀헬ㄹ삔미.

EI-0440

**He fixes the annoying squeaking sound.**
그는 성가시게 삐걱거리는 소리를 수리한다.
히f삑씨z즈디언노잉쓱퀵낑싸운.

EI-0441

**I turn on the hot water.**

온수를 틉니다.
아터넌th더핱워럴r.

EI-0442

**I pour the hot water and some cream in my tea.**
뜨거운 물과 약간의 크림을 차에 붓습니다.
아폴rth더핱워럴r앤썸크륌인마티.

EI-0443

**I add some cream to my tea.**
홍차에 크림을 좀 넣어요.
아앤썸크륌루마티.

EI-0444

**I squeeze some honey in my tea.**
나는 홍차에 꿀을 짜 넣는다.
아쓱뀌썸허니인마티.

EI-0445

**I stir my tea.**
나는 차를 젓는다.
아쓷떨r마티.

EI-0446

**I toast my bread to make toast.**
나는 토스트를 만들기 위해 빵을 굽는다.
아토쑫마브뤤루멬토쑫.

EI-0447

**I spread the butter on the toast.**
토스트에 버터를 발랐어요.
아쓮뤤th더버럴r언th더토쑫.

# 03

EI-0448

**I scrape the jam from the jar.**
나는 병에서 잼을 긁어낸다.
아쓺끄뤠잎더쥄f쁘뤔더좌r.

EI-0449

**I crack the eggs into the bowl.**
계란을 그릇에 깨뜨립니다.
아크뤸th디엑z진투더보울ㄹ.

EI-0450

**I fish out the piece of shell.**
껍질 조각을 걷어냅니다.
아삐샽th더피써쉘ㄹ.

EI-0451

**I scramble the eggs.**
계란을 스크램블합니다.
아쓺끄뤰블디엑z즈.

EI-0452

**I grate some cheese on the eggs.**
나는 계란에 치즈를 갈아줍니다.
아그뤠잍썸취z젼더엑z즈.

EI-0453

**I check my email.**
이메일을 확인합니다.
아췡마이메일ㄹ.

EI-0454

**I send a message to my student.**
학생에게 메시지를 보냅니다.
아쌘더메씯쥐루마쓭튜든.

EI-0455

**I reply to the email.**

저는 이메일에 답장을 합니다.

아륄라이루더이메일.

EI-0456

**I plan my lessons.**

수업을 계획합니다.

아플랜말레쓴zㅈ.

EI-0457

**I schedule a meeting.**

나는 회의 일정을 잡습니다.

아쓱께쥴어미링.

EI-0458

**I scroll through the webpage.**

웹 페이지를 스크롤합니다.

아쓱끄뤌뜨루러웹페이쥐.

EI-0459

**I click the link.**

링크를 클릭합니다.

아클릭th들링ㅋ.

EI-0460

**I download the PDF.**

PDF를 다운로드합니다.

아단로더피디엪f.

EI-0461

**I upload the new video.**

새로운 영상을 올립니다.

아엄(을)롣더뉴v븨디오.

# 03

EI-0462

**I save the file.**
파일을 저장합니다.
아쎄에입더f빠일ㄹ.

EI-0463

**I stretch my arms.**
나는 팔을 스트레칭한다.
아쓷뤳취마앎z즈.

EI-0464

**I yawn when I'm sleepy.**
나는 졸릴 때 하품을 한다.
아얀웬암쓸맆이.

EI-0465

**I go to bed around 10 PM.**
나는 밤 10시경에 잠자리에 든다.
아고루벧어롼텐피엠.

EI-0466

**I lie down in bed.**
나는 침대에 눕는다.
알라단인벧.

EI-0467

**Sometimes I snore when I sleep.**
때때로 나는 잠을 잘 때 코를 곤다.
썸탐z자쓰노얼r웬아쓸맆.

EI-0468

**I toss and turn if I can't sleep well.**
잠이 잘 오지 않으면 뒤척입니다.
아토쌘텨r니f빠캔슬맆웰ㄹ.

EI-0469

**I oversleep when I don't set an alarm clock!**
알람을 맞추지 않으면 늦잠을 잡니다!
아오v뷜슬맆웬아던쎝언얼럼클랔!

EI-0470

**I sleep in on the weekends.**
저는 주말에는 잡니다.
아슬맆삔언디윜깬z즈.

EI-0471

**I lean against the pillows to read.**
나는 베개에 기대어 책을 읽습니다.
알린어겐씉th더필로z즈루륃.

EI-0472

**I fling off the covers because I'm late for work.**
나는 일에 늦었기 때문에 이불을 아무렇게나 놔뒀습니다.
아f쁠링엎더커v뷜z즈빅커z잠(을)레잍f뽀월rㅋ.

EI-0473

**I open the car door.**
나는 차문을 엽니다.
아옾븐th더칼r돌r.

EI-0474

**I buckle my seatbelt.**
나는 안전벨트를 채웁니다.
아벜끌ㄹ마앁벨ㄹ.

EI-0475

**I adjust my seat and mirrors.**
좌석과 거울을 조정합니다.
아엊져씉마씯앤미얼rz즈.

# 03

EI-0476

**I start the car.**
나는 차 시동을 겁니다.
아쓭탈rth더칼r.

EI-0477

**I back out of the driveway.**
나는 진입로를 빠져 나옵니다.
아백까렆th더듀롸v웨이.

EI-0478

**I accelerate to speed up.**
나는 속도를 내기 위해 가속합니다.
아엌쎌러뤠잍루쓮삗엎.

EI-0479

**I brake to stop.**
나는 브레이크를 밟아 멈춥니다.
아브뤠잌루쓭땊.

EI-0480

**I signal with my turn signal when I want to turn.**
방향을 바꾸고 싶을 때 방향 지시등으로 신호를 보냅니다.
아씽늘윔마� ㄴ씽늘 웬아워너� ㄴ.

EI-0481

**I honk the horn.**
나는 경적을 울립니다.
아헝th더홀rㄴ.

EI-0482

**I roll down the window.**
창문을 내립니다.
아뤌ㄹ단th더윈도.

## 21. Making Pancakes in the Kitchen

EI-0483

**It's easy to make pancakes on an electric griddle.**
전기 철판으로 팬케이크를 만드는 것은 쉽습니다.
잇치z지루멕팬켘 썬언일렉튜뤽그뤼들ㄹ.

EI-0484

**We're going to double the recipe.**
레시피를 두 배로 늘릴 것입니다.
월r건어더블러뤠쎂이.

EI-0485

**As my kids get older, we will probably have to double every recipe.**
우리 아이들이 나이가 들면 모든 레시피를 두 배로 늘려야 할 것입니다.
애z즈마키z즈겓얼ㄹ덜r 윌ㄹ팔r블리햽v루더블렙v뤼뤠쎂이.

EI-0486

**We're going to eyeball this amount of milk.**
눈대중하여 우유량을 봅니다.
월r거너아이벌ㄹthㄷ|써만어밀ㄹㄲ.

EI-0487

**My grandma never uses a recipe.**
우리 할머니는 조리법을 따라 하지 않습니다.
마그뤤마네v뷀r유z지z저뤠쎂이.

EI-0488

**She eyeballs everything.**
그녀는 모든 것을 눈대중합니다.
쉬아이벌ㄹz젭v뤼이th띵

03

EI-0489

**The milk will curdle. It's curdled milk.**
우유가 응고됩니다. 응고된 우유입니다.
th더밀ㄹ끌컬r들ㄹ. 잇츠컬r들ㄹ밀ㄹㄲ.

EI-0490

**He is leveling off the flour.**
그는 밀가루를 고르게 만들고 있습니다.
히즐렙v(을)링엎fth더f쁠라월r.

EI-0491

**What flavors can you add?**
어떤 맛을 추가할 수 있나요?
워f쁠레이v뷜z즈킨뉴앧?

EI-0492

**I scratched my aunt's car, but she's a forgiving person, so she won't be angry.**
이모의 차를 긁었지만 그녀는 용서하는 사람이므로 화를 내지 않을 것입니다.
아쓱뤳췬마앤츠칼r 버쉬z져f뿔r기v빙펄r쓴 쏘셩삐앵뤼.

EI-0493

**The baking soda is clumpy.**
베이킹 소다가 덩어리져 있습니다.
th더베이낑쏘더z즈클럼삐.

EI-0494

**Sand becomes clumpy when it is wet.**
모래는 젖으면 뭉쳐집니다.
쌘빅커엄z즈클럼삐 웬이리z웰.

EI-0495

**Is that enough flour for the pancakes?**
팬케이크 만들기에 밀가루가 충분합니까?

이z즈대리너f뺄라웥r f뻘r더팬켁쓰?

EI-0496

**I'm not sure if it is enough. Let's add some more.**
충분한지 잘 모르겠습니다. 좀 더 추가합시다.
암낱셜r 이f삐리z지낲f. (을)렛챈썸몰r.

EI-0497

**I said he could have a pinch, but he took a handful instead.**
나는 그에게 조금 가져가라고 했지만 그는 대신 한 줌을 가져갔습니다.
아쌘이크래v붜핀취, 버리틐꺼핸f뻘린쓷땐.

EI-0498

**We don't want to gross out our students.**
우리는 학생들을 지치게 하고 싶지 않습니다.
위던워너그뤄쌑알r쓷뜌든츠.

EI-0499

**Usually it's not a good idea to lick your fingers while cooking.**
일반적으로 요리하는 동안 손가락을 핥는 것은 좋은 생각이 아닙니다.
유z즐리잇츠나러귿아디어룰릭열rf삥걸z쟈일ㄹ크낑.

EI-0500

**You know what? You're only four years old, so it's ok.**
그거 알아? 넌 네 살밖에 안됐으니 괜찮아.
유노왓? 열r오운리f뻘r이얼r졀ㄹ, 쏘잇쵸케이.

EI-0501

**Can you stir that the rest of the way?**
나머지 부분까지 저어줄 수 있나요?
킨뉴쓷떨r되앧더뤠쓷떱v더웨이?

# 03

EI-0502

**You have already driven for four hours. I'll drive the rest of the way to California.**

당신은 이미 4시간 동안 운전했습니다. 캘리포니아까지 나머지 길을 운전해 갈 거에요.

옙v얼뤠디 듀뤼v븐f뽀f뽈r아월zㅈ. 알ㄹ듀롸입v더뤠쓷떱v더웨이루 캘리f뽈rㄴㅑ.

EI-0503

**You caught the egg before it broke on the floor-good save!**

계란이 바닥에서 깨지기 전에 잘 잡았습니다!

유캍th디엑비f뽈r잍브뤜껀th더f뽈로얼r 귿쎄에입v!

EI-0504

**I'm 'unna scrape the last bits out.** (I'm 'unna = I'm going to)

나는 마지막 한 조각을 긁어낼 것이다.

암언어씈뤠잎덜라쓷빝챹.

EI-0505

**Don't overmix the ingredients.**

재료를 과도하게 혼합하지 마십시오.

던어v뷜r믹쓰딘그뤼디은츠.

EI-0506

**If you pour a little closer to the bowl, then it won't spill.**

그릇에 조금 더 가까이 부으면 흘리지 않습니다.

f쀼폴r얼리를클로z졀루더보울ㄹ, th덴잍웡쓮삘ㄹ.

EI-0507

**Wha' ya guys think?** (what do you guys think?)

여러분은 어떻게 생각하세요?

왓여가이zㅈth띵ㄱ?

EI-0508

**How did the pancakes turn out?**

팬케이크는 어떻게 되었습니까?

하딛th더팬켁쓰털r낱?

EI-0509

**There ya go! You did it, good job!**

자! 해냈어, 잘했어!

th델r여고! 유디딛, 귿잡!

EI-0510

**That pancake could use some more time before it's done cooking.**

그 팬케이크는 익으려면 시간이 좀 더 걸릴 수도 있습니다.

th탵펜켁큳유zㅈ썸몰r탐 비f뽈r잇츠던크낑.

EI-0511

**My teacher told me that my writing could use some more creativity.**

선생님은 내 글이 좀 더 창의력을 필요로 한다고 말씀하셨습니다.

마티쳘r톨ㄹ미댐마롸이링큳유zㅈ썸몰r클티v븨디.

EI-0512

**We're conservative about maple syrup because it is so expensive.**

우리는 메이플 시럽이 너무 비싸기 때문에 아끼고 있습니다.

월r컨z절rv붜팁v밭메잎쁠씨뤕 커z짙쏘익쓰뻰씹v.

EI-0513

**Some pancakes have more chips than others.**

일부 팬케이크에는 다른 팬케이크보다 더 많은 칩이 있습니다.

썸펜켁쌤몰r췹쓰댄아럴rzㅈ.

# 03

EI-0514

**It's just a fact that some cities have more charm than others.**

일부 도시가 다른 도시보다 더 매력적이라는 것은 사실입니다.

잇져써f뻭댓썸씨리z잼몰r챨rㅁ댄아덜rzㅈ.

EI-0515

**I would take the ocean view from a cliff.**

나는 절벽에서 바다 전망을 볼 것입니다.

앋텍th디오션v뷰f뤔어클맆f.

EI-0516

**I'll take the chicken soup and spinach salad, please.**

치킨 수프와 시금치 샐러드로 주세요.

알ㄹ텍더췩낀쑾앤쓒인잊쌀럳 플리zㅈ.

EI-0517

**You don't really mean that, do you?**

진심 아니시죠?

유런륄리민되앨 두유?

EI-0518

**When Sam and Sally broke up, Sally's take on why they broke up was very different from Sam's take.**

샘과 샐리가 헤어졌을 때 그들이 헤어진 이유에 대한 샐리의 생각은 샘의 생각과 매우 달랐습니다.

웬쌤앤쌜리브뤜껖 쌜리zㅈ텍껀와th데이브뤜껖, 워zㅈv붸뤼디f뻘은 f뤔쌤zㅈ텍.

EI-0519

**Kids sit around for too long in school.**

아이들은 학교에서 너무 오래 앉아 있습니다.

키씯어롼f뽀툴렁인쓱끌ㄹ.

EI-0520

**Serve with sugar, lemon, syrup etc.**
설탕, 레몬, 시럽 등과 함께 드세요.
**썰v뷛th슈걸r, (을)레먼, 씨뤕쎄츄뤄.**

## 22. Telling Your Morning Routines

EI-0521

**First thing when I get home, I change my clothes.**
집에 가면 제일 먼저 옷을 갈아입어요.
**f뻘쓷th띵웬아게롬 아췐쥐마클로zㅈ.**

EI-0522

**When I get home, I change my clothes first.**
집에 가면 제일 먼저 옷을 갈아입습니다.
**웬아겔옴, 아췐쥐마클로zㅈf뻘쓷.**

EI-0523

**We like to play games while we get breakfast ready.**
우리는 아침을 준비하는 동안 게임을 하는 것을 좋아합니다.
**윌락루플레이겜zㅈ 왈ㄹ위겐브뤡f뻐쓷뤠디.**

EI-0524

**Sometimes we wake up on the wrong side of the bed. Starting the morning in a fun way puts us all in a better mood.**
때때로 우리는 기분이 좋지 않은 상태에서 잠에서 깨어납니다. 즐거운 방식으로 아침을 시작하면 우리 모두 기분이 좋아집니다.
**썸탐z쥐웨껍언th더(너)뤙싸읻런th더벧. 쓷딸r딩th더몰r닝인어f뻔웨이픋쳐썰린어베럴r믇.**

# 03

EI-0525

**I dropped my computer off at the repair shop.**

컴퓨터를 수리점에 맡겼습니다.

아듀롸마컴퓨럴r어f뻴th더뤼페얼r샾.

EI-0526

**My mom drops me off at school every morning.**

엄마는 매일 아침 저를 학교에 데려다 주십니다.

마맘듀롸쓰미어f뺄씈끌렙v위이몰r닝.

EI-0527

**Since I didn't work yesterday, I have a lot of work to catch up on.**

어제 일을 안 해서 따라잡아야 할 일이 많아요.

씬싸디른월r꼐쓷얼r데이, 아앱v얼라러윍r루캗쳪뻔.

EI-0528

**I haven't seen you in a year! We have so much to catch up on.**

1년 동안 못 봤어! 우리 못한 얘기가 너무 많아.

압v은씬뉴인어이얼r! 윕v쏘머취루캣쳪뻔.

EI-0529

**Let's catch up!**

만나서 못한 얘기 좀 하자!

(을)렛츠캣쳪!

EI-0530

**Could you go over this email before I send it?**

내가 보내기 전에 이 이메일을 검토해 주시겠습니까?

크듀고오v뷜rth디씨메일ㄹ 비f뽈r아쎈딭?

EI-0531

**It's time to head out.**

밖으로 나갈 시간입니다.

잇츠탐루해알.

EI-0532

**I'm headed to the store.**

매장으로 가고 있습니다.

암해딛루러쓷올r.

EI-0533

**I appreciate it when a friend opens up about their problems.**

친구가 자신의 문제를 털어놓을 때 엄청 고마워요.

앞씁r쎄이릳 웬어f쁘뤤욮쁜z졒받th데얼r퐐r븜(프랍읆)zㅈ.

EI-0534

**When I do a puzzle with my son, he often opens up about his morning at school.**

내가 아들과 함께 퍼즐을 풀 때, 그는 종종 학교에서의 아침에 대해 이야기합니다.

웬아두어퍼엊z즈을윔마썬, 히어f쁜옾쁜z졒받이z즈몰r닝앳쓱끌ㄹ.

EI-0535

**Tell me about your day at school.**

학교에서의 하루에 대해 말해 주세요.

텔ㄹ미받열r데옛쓱끌ㄹ.

EI-0536

**Hey, how was your day at work?**

야, 오늘 회사 어땠어?

헤이 하워z졀r데옐웕r?

EI-0537

**I love to hang out with my friends and family instead of dressing up and going out.**

나는 차려입고 외출하는 것보다 친구 및 가족과 어울리는 것을 좋아합니다.

# 03

알럽v루행앝윔마f쁘뤤z잰f뼴(을)리 인씉때러듀뤠씽엎앤공앝.

EI-0538

**The cafe on the corner was my favorite hangout when I was in school.**

모퉁이에 있는 카페는 내가 학창시절 가장 좋아하던 곳이었습니다.

th더카f뼤언th더코널r 워z즈마f뼤v벝행앝 웬아워z진쓿끌ㄹ.

EI-0539

**It's important to do things together just as a couple, without your kids.**

아이들 없이 그냥 커플로 함께 하는 것이 중요합니다

잇침폴r은루두th띵z즈투게럴r 져쌔z저컾쁠 윋th닫열r키z즈.

EI-0540

**We're going bowling as a company to build our sense of teamwork.**

우리 회사는 팀워크를 다지기 위해 볼링을 치러 갑니다.

월r공보울링애z저컴펀이루빌달r쎈써팀월rㅋ.

EI-0541

**Dinner is one of my favorite ways to spend quality time together.**

저녁 식사는 좋은 시간을 보내는 가장 좋아하는 방법 중 하나입니다.

딘얼rz줜어마f뼤v벝웨이z즈루쓮앤콸러리탐투게럴r.

EI-0542

**After dinner, we put the kids to bed.**

저녁 식사 후에, 우리는 아이들을 재웠다

앺f떨r딘얼r, 위픋th더키z즈드벧.

EI-0543

**I had to put my dog to sleep last week.**

나는 지난 주에 개를 재워야 했다.

아해루플마덕루슬맆(을)라쓸웕.

EI-0544

**Good night, sleep tight, don't let the bed bugs bite!**

굿나잇, 푹 주무세요, 벌레에 물리지 말고!

근나잍 슬맆타잍, 던(을)렌더벧벅z즈바잍!

EI-0545

**After the kids are in bed, Dan and I usually have some downtime to clean, chat, or get caught up on chores or reading.**

아이들이 잠자리에 든 후 댄과 저는 보통 청소랑 수다를 떨거나 못한 집안일이나 독서를 할 때가 있습니다.

앺f떨r더킫z잘인벧, 댄앤아유z쥴리햅v썸단타임루클린, 쵈, 올겓카렆뻔춀r쏘뤼딩.

EI-0546

**The day is over, and it's time to hit the hay!**

하루가 끝났으니, 이제 슬슬 일을 시작할 때가 되었군요!

th더데이z줘v뷜r, 앤잇츠타임루힡th더헤이!

EI-0547

**When I have a really busy day, I will sleep like a log.**

정말 바쁜 하루를 보내면, 나는 엄청 푹 잘 것이다.

웬아앱v어뤌리비z지데이, 알ㄹ슬맆(을)랔껄럭.

EI-0548

**If I'm stressed out over something, I might toss and turn at night.**

뭔가 스트레스를 받으면 밤에 뒤척이곤 합니다.

f빰슫튜뤠쓰닫오v뷜r썸띤, 아맏토쌘텰r냇나잍.

EI-0549

**I cross my fingers and hope my kids sleep through the**

**night so that I can, too.**
저는 제 아이들이 밤새 잠을 잘 수 있도록 기도를 합니다.
아크뤄쓰마f삥걸z잰훌마키z즈슬맆th뜨루더나잍 쏘대라킨투.

## 23. Minor Inconveniences and Disappointments

EI-0550

**This loaf of bread has gone stale. How disappointing.**
이 빵 한 덩어리가 상했습니다. 정말 실망스럽네요.
th디쓸로f뻐브뤨해z즈건씉테일ㄹ. 하디쎂포인팅.

EI-0551

**My date doesn't look anything like the picture on his profile. How disappointing.**
내 애인은 그의 프로필에 있는 사진처럼 보이지 않습니다. 정말 실망스럽네요.
마데잍더z즌(을)륵앤이th띵(을)랔더픽쳘r언히z즈플rf빠일ㄹ. 하디쎂포인팅.

EI-0552

**I thought these were chocolate chip cookies, but they're raisin cookies. That's unfortunate.**
초코칩 쿠키인줄 알았는데 건포도 쿠키네요. 운이 없었어.
아th땃th디z줠r챠컬릳춰큭키z즈, 벋th데얼r뤠이z즌큭키z즈. th댓천f뽈r튠읕.

EI-0553

**I went to the dentist and found out I have a cavity. It's unfortunate.**
나는 치과에 갔고 충치가 있다는 것을 알았다. 완전 불행해.
아웬투더덴티쓷앤f빤닫아햅v어캐v븨디. 잇천f뽈r튠늘.

EI-0554

**I was going to spend the weekend relaxing but my mom wants me to help her clean out her garage. That's not ideal, but I'll help her out.**

나는 주말을 편안하게 보낼 예정이었지만 엄마는 내가 그녀의 차고 청소를 도와주길 원하셔. 정말 이상적이지는 않지만 그녀를 도울거야.

아워z즈건어쓰뺀th디윅낀  륄랙씽범마맘원츠미루헤뻘r클린앋얼r거롸쥐. 애쓰나아이디(을)ㄹ, 벋알ㄹ헤뻘r앝.

EI-0555

**To avoid traffic, I took a shortcut and then got lost for 3 hours. It was not ideal.**

교통 체증을 피하기 위해 지름길을 택한 뒤 3시간 동안 길을 잃었다. 최선이 아니였어.

투어v보읻튜뤠f삑, 아특꺼숄r컷앤th덴갈(을)러씉f뽈rth뜨뤼아월rz즈. 이뤄z즈낟아이디(을)ㄹ.

EI-0556

**My date said he would call me, but it's been two weeks since I've heard from him. That's the third time this has happened with a date. It's discouraging.**

내 애인은 나에게 전화하겠다고 했지만, 그 소식을 들은 지 2주가 지났습니다. 애인과 함께 이런 일이 일어난 것은 이번이 세 번째입니다. 실망스럽네요.

마데읻쌘이욷컬ㄹ미, 버릿츠빈투윅씬쌉v헐rf쁘뤔임. th됍츠더th떨r타임디쌔z잽쁜 윋th어데읻. 잇츠디쓰커뤼쥥.

EI-0557

**They said they would announce the lottery winners last night, but no one contacted me. That's discouraging.**

어젯밤에 로또 당첨자를 발표한다고 했는데 나한테 아무도 연락이 없었어요. 실망스럽네요.

th데이쌘th데이욷어나운쓰  덜라럴r이윈얼rz즐라씉나읻, 번노원칸택틷미. th됍츠디쓰커뤼쥥.

03

EI-0558

**Dang it! I thought I was putting sugar in my tea, but it was actually salt.**

젠장! 내 티에 설탕을 넣은 줄 알았는데 보니 소금이었어.

댕잍! 아th땊아워z즈프딩슈걸r 인마티, 버릳워z잭셜리썰ㄹ.

EI-0559

**Crap! I forgot to set the timer and burnt dinner.**

젠장! 타이머 맞추는 걸 깜빡하고 저녁밥을 태웠어.

크뤱! 아f뽈r같투쎈th더타이멀r앤벌rㄴ딘얼r.

EI-0560

**Aw, man. I ordered a burger and fries, and they gave me a salad instead.**

아, 이런. 버거와 감자튀김을 주문했는데 대신 샐러드를 주셨어요.

어우, 맨. 아오덜r더벌r걸r앤f쁘롸이z잰th데이겜미어쌀럳인쓰탠.

EI-0561

**Aw, man, this is my favorite sweater, and there's a tiny hole in it.**

아, 이런, 이건 내가 제일 좋아하는 스웨터인데 거기에 작은 구멍이 있어.

어, 맨. th대씨z즈마f쀄v벋스웨럴r, 앤th데얼rz저타이니홀린잍.

EI-0562

**My favorite football team lost the championship game. That sucks.**

내가 가장 좋아하는 축구팀이 챔피언십 경기에서 졌어. 짜증나.

마f쀄v벋f뿓벌ㄹ팀(을)라쓷더췜편쉽게임. th탵썩쓰.

EI-0563

**I'm sorry you didn't get that promotion you wanted. That sucks. I know how hard you worked for it.**

원하는 프로모션을 얻지 못해서 죄송합니다. 짜증 나는군요. 그것을 위해 얼마나 애쓰셨는지 압니다.

암써뤼유딘겐th댄퐐r모션유워닏. th뎉썩쓰 아노하할r유웕f뻘r잍.

EI-0564

**We were going to go to the beach today, but it's raining. It's a bummer.**

오늘 해변에 가려고 했는데 비가 오네요. 안타까운 일입니다.

위월r고잉루고루더비취루데이, 버리쳐뤠이닝. 잇쳐범얼r.

EI-0565

**I was going to go visit my friend this weekend, but she got sick and had to cancel. That's a bummer.**

이번 주말에 친구를 만나러 가려고 했는데 친구가 아파서 취소해야 했어요. 안타까운 일입니다.

아워z즈건어고v븨z짙마f쁘뤤th디쒹갠, 벗쉬갇씩갠해루캔쓸ㄹ. th뎉쳐범얼r.

EI-0566

**Oh, come on. Seriously?! You got a flat tire in the middle of nowhere in the rain?!**

오, 제발. 진짜?! 비가 오는데 중간에서 타이어가 펑크 났어요?

오커먼. 씨뤼쓸리?! 유가러f쁠랟타이얼r인더미들럽v노웨얼r인th뤠인?!

EI-0567

**Oh, come on. Seriously? I just spilled coffee on my white shirt on the way to the meeting.**

오, 제발. 진짜? 회의 가는 길에 흰 셔츠에 커피를 쏟았어요.

오, 컴언. 씨뤼쓸리? 아져씊삘커엎f삐이언마왙셜r던더웨이루더미링.

EI-0568

**They said I didn't get the job because I smiled too much? You've gotta be kidding me.**

너무 미소 짓고 있어서 내가 취직이 안 됐다고? 너 농담해?

th데이쌘아딛은겟th좝 커z쟈씀아일ㄷ머취? 윱v가러비키딩미.

# 03

EI-0569

**She broke up with you because she said her cat doesn't like you? You've gotta be kidding me.**
그녀의 고양이가 당신을 좋아하지 않는다고 해서 당신과 헤어졌다고요? 농담하는 거죠?
쉬브뤜껍윈th유 커쉬쎈얼r캣더z즌(을)락뀨? 윱v가러비키딩미.

EI-0570

**I realized halfway through the day that I had a pair of underwear stuck to the back of my sweater. So many people saw it. I'm so embarrassed.**
나는 내 스웨터 뒤에 속옷 한 벌이 붙어 있다는 것을 반나절 만에 깨달았어. 많은 사람들이 봤을텐데 정말 창피해.
아륄라이z즏해f뻬이th뜨루러데이 th대라앤어페뤄언덜r웨얼r쓷떡투러'배액껌마스웨럴r. 쏘매니핖쁠써읻. 암쏘임배뤄씉.

EI-0571

**First, my car wouldn't start. Then, after I got it started, I realized I left my coffee on top of my car when I drove off. Why, God, whyyy?!**
처음엔 내 차가 시동이 안 걸렸어. 그 뒤에 시동이 걸려서 차를 몰고 갈 때 커피를 차 위에 두었다는 사실을 깨달았지 뭐야. 왜 나한테 이런 일이, 맙소사, 왜?!
f뻘씉, 마칼r우른씉알r. th덴앺f떨r아가릿씉알r릳, 아륄라이z즈달렢f마커엎f삐이언탚뻐마칼r 웬아듀뤄v벖f. 와이, 가앋, 와이?!

EI-0572

**You lost your job? That's too bad.**
직장을 잃었나요? 유감이네요.
율러씉열r쟙? th퇠츠투밷.

EI-0573

**They broke up? That's too bad.**
그들은 헤어졌나요? 유감이네요.
th데이브뤜꺼? th퇠츠투밷.

EI-0574

**She was going to be a champion figure skater, but then she broke her leg. It's a shame.**

그녀는 챔피언 피겨 스케이팅 선수가 되려고 했지만 다리가 부러졌습니다. 딱한 일입니다.

쉬워z즈건어비어쳄편f삐결r씁케이럴r, 벋th덴쉬브뤄껄렉. 잇쳐쉐임.

EI-0575

**He wanted to go to law school, but he could never pass the bar exam, so he gave up. That's a shame.**

그는 로스쿨에 가고 싶었지만 결코 사법 시험에 합격할 수 없어서 포기했습니다. 안타깝네요.

히워닏루고룰러씈끌ㄹ, 버리큳네v뷜r패쓰더발r익z잼, 쏘이게이v뷮. th됕처쉐임.

EI-0576

**It's a pity you have to move away for your new job. I'll miss having you as my neighbor!**

새 직장을 위해 이사를 가야 하는 것이 안타깝습니다. 당신을 내 이웃으로 둔 것이 그리울 거예요!

잇처피리유햅v루뭅v어웨이f뽈r열r뉴좝. 알ㄹ미쌔v빙유애z즈마네이벌r!

EI-0577

**You can't have pets in your new apartment? That's a pity. I know how much you love your cats.**

새 아파트에 애완동물을 키울 수 없다고요? 유감입니다. 당신이 고양이를 얼마나 사랑하는지 잘 압니다.

육캔햅펫친열r뉴아팔r믄? th됕처피리. 아노함츌럽v열r캣츠.

EI-0578

**In the same week, I lost my dog, got fired, and my car broke down. It was awful.**

같은 주에 나는 개를 잃어버리고 해고당했으며 차가 고장 났습니다. 끔찍했습니다.

인더쎄임윜, 깔러쓷마덕, 갓f빠이얼r, 댄마칼r브뤄단. 이뤄z저f뻘ㄹ.

# 03

EI-0579

**He asked for a divorce on your anniversary? That's awful. I'm so sorry.**

그는 당신의 기념일에 이혼을 요구했습니까? 끔찍합니다. 정말 안됐어요.

히애쓱f뿔r어디v뷜r썬열r앤이v뷜써뤼? th퇠처f뻘ㄹ. 암쏘써뤼.

EI-0580

**Have you seen the footage from the hurricane that hit the coast? It's devastating.**

해안을 강타한 허리케인의 영상을 보셨나요? 그것은 파괴적입니다.

v뷰씬더f쁟읻쥐f쁘뤔허뤽께인th대릩th더코씉? 잇츠디v붸쓰테이링.

EI-0581

**I read that the economic collapse is causing violence and unrest in the country. That's devastating, especially for people living in rural areas.**

나는 경제 붕괴가 국가에 폭력과 불안을 야기하고 있다는 것을 읽었습니다. 특히 시골에 사는 사람들에게는 치명적입니다.

아뤧th퇱th딐카나믹컬렙씨z즈커z징v봐이얼른쌘언뤠씉인더칸튜뤼. th댓츠디v붸쓰테이링, 이쓮뻬셜리f뽈r핖(을)리v빙인루뤌ㄹ에뤼어z즈.

EI-0582

**I'm sorry to hear that your grandpa passed away. I know you two were close.**

할아버지가 돌아가셨다니 유감입니다. 두 분이 친했던 거 알아요.

암써뤼루히얼r되앹열r그뤤파패쓷어웨이. 아노유투월r클로z즈.

EI-0583

**I'm sorry to hear that you lost your job. I know how much your work meant to you.**

실직하셨다니 유감입니다. 나는 당신의 일이 당신에게 얼마나 의미가 있는지 알고 있습니다.

암써뤼루히얼r댄율라씉열r잡. 아노함쳘r웕r멘투유.

EI-0584

**I can't imagine how hard it must be to find out you were being lied to.**
당신이 거짓말을 하고 있다는 것을 알아내는 것이 얼마나 힘든 일인지 상상할 수 없습니다.
악캔이매쥔하할r딭머쓭비루f빠인닽 유월r빙(을)라읻투.

EI-0585

**I can't imagine what you must be going through after losing your loved one.**
사랑하는 사람을 잃고 나서 당신이 겪고 있을 일을 상상할 수 없습니다.
악캔이매쥔 왓유머쓭비고잉th뜨루 앺f뜰루z징열럽v뒨.

## 24. Cooking in the Kitchen

EI-0586

**I use the blender to blend frozen fruit and milk for a smoothie.**
블렌더를 사용하여 냉동 과일과 우유를 섞어 스무디를 만듭니다.
아유z즈더블렌덜r루블렌f쁘뤄z즌f쁘릍앤밀ㄹㄲf뽈r어슴우thㄷl.

EI-0587

**Dan uses his coffee grinder to grind the beans to make coffee.**
댄은 커피 그라인더를 사용하여 원두를 갈아서 커피를 만듭니다.
댄유z지z지z즈커엎f삐이그롸인덜r루그롼th더빈z즈루멬커엎f삐이.

EI-0588

**I toast a piece of toast in the toaster.**
나는 토스터에 토스트 한 조각을 굽습니다.
아토쓭어피써토쓰띈더토쓭얼r.

# 03

EI-0589

**I use the peeler to peel the skin off the potatoes.**
나는 필러를 사용하여 감자 껍질을 벗깁니다.
아유z더필럴r루필ㄹ더쓱낀얾f더포테이도zㅈ.

EI-0590

**I use the grater to grate some cheese on my toast.**
토스트에 치즈를 갈 때 강판을 사용합니다.
아유z더그뤠이럴r루그뤨썸취z전마토씉.

EI-0591

**I use the strainer to strain the water from the pasta.**
나는 여과기를 사용하여 파스타에서 물을 걸러냅니다.
아유z더슫뤠이널r루스튜뤠인더워럴rf쁘뤔더파씉어.

EI-0592

**I use the can opener to open the can of peaches.**
나는 깡통 따개를 사용하여 복숭아 깡통을 엽니다.
아유z더캔옾널r루옾쁜더캔업피취zㅈ.

EI-0593

**I use the mixer to mix the ingredients for pancakes.**
나는 믹서를 사용하여 팬케이크 재료를 혼합합니다.
아유z더믹썰r루믹쓰딘글디언츠f뽈r팬켂쓰.

EI-0594

**I use the whisk to whisk the frosting for the cake.**
나는 거품기를 사용하여 케이크 프로스팅을 휘젓습니다.
아유z더위쓱루위쓱더f쁘뤄씉잉f뽈r더켂.

EI-0595

**I use the baster to baste the turkey to keep it moist.**
칠면조를 촉촉하게 유지하기 위해 바스터를 사용합니다.
아유z더베이씉얼r루베이씉더�키루킾잍모이씉.

EI-0596

**We use the freezer to freeze food so that it will last longer.**
우리는 음식을 더 오래 보관하기 위해 냉동실을 사용합니다.
위유z더f쁘뤼z졀r루f쁘뤼z즈f쁟쏘댇이(을)라쓸롱걸r.

EI-0597

**We use the grill when we want to grill steaks or burgers for a cookout.**
우리는 야외요리에서 스테이크나 버거를 굽고 싶을 때 우리는 그릴을 사용합니다.
위유z더그륄ㄹ웬위원어그륄ㄹ쓷에잌쏠r 버걸rz즈f뽈r어큭앝.

EI-0598

**I chop tomatoes for the sauce.**
나는 소스를 만들기 위해 토마토를 잘게 다진다.
아촵틈에이로z즈f뽈r더써쓰.

EI-0599

**I slice the bread for toast.**
나는 토스트를 만들기 위해 빵을 자른다.
아슬라이쓰더브뤧f뽈r토쓷.

EI-0600

**I taste the sauce before I add more spices.**
나는 양념을 더 넣기 전에 소스 맛을 본다.
아테이쓷더써쓰비f뽈r아앧몰r씄아이씨z즈.

EI-0601

**I turn on the oven when I want to bake cookies.**
나는 쿠키를 굽고 싶을 때 오븐을 켠다.
아텲r넌디오v븐 웬아원어베잌큭이z즈.

EI-0602

**I use the kettle to boil water for tea.**

03

나는 주전자를 사용하여 차를 끓일 물을 끓입니다.
아유z더케를r루보일ㄹ워럴rf뽈r티.

EI-0603

**I let the sauce simmer over low heat.**
나는 소스를 약한 불로 끓입니다.
알렛더써쓰심얼r오v뷜로윌.

EI-0604

**I use the microwave to heat up leftovers.**
나는 전자레인지를 사용하여 남은 음식을 가열합니다.
아윷z더막뤄웨입v루윌엎(을)레f뜰오v뷜rz즈.

EI-0605

**I use the oven to roast the chicken.**
나는 오븐을 사용하여 닭고기를 굽습니다.
아윷디오v븐루로씉더취인.

EI-0606

**I like to fry bacon and eggs for breakfast.**
나는 아침 식사로 베이컨과 계란을 튀기는 것을 좋아합니다.
알락루f쁘롸이베껀앤엑z즐f뽈r브뤸f뻐씉.

EI-0607

**I saute some vegetables for dinner.**
나는 저녁 식사를 위해 약간의 야채를 볶습니다.
아쏘우테썸v뷀zㄸ블z즈f뽈r딘얼r.

EI-0608

**I brown the meat before I add the spaghetti sauce.**
스파게티 소스를 넣기 전에 고기를 볶습니다.
아브롼더밑 비f뽈r아앧더쑢게리써쓰.

EI-0609

**I steamed the vegetables for dinner.**
나는 저녁 식사를 위해 야채를 쪘습니다.
아슽임더v쉡z뜨블z즈f뿔r딘얼r.

EI-0610

**I pour the sauce onto the spaghetti.**
나는 스파게티에 소스를 붓는다.
아폴r더써썬투더슾게디.

EI-0611

**I spread butter on the bread.**
빵에 버터를 발랐어요.
아쓮뤤버럴r언더브뤤.

EI-0612

**My son likes to sprinkle cheese on his spaghetti.**
아들은 스파게티에 치즈를 뿌리는 것을 좋아합니다.
마썬(을)랔쓰루쓮륑끌ㄹ취z졘이z즈슾게디.

EI-0613

**I like to add salt and pepper to my food.**
나는 음식에 소금과 후추를 첨가하는 것을 좋아합니다.
알랔루앤썰ㄹ땐펲얼r루마f쁜.

EI-0614

**After dinner, we have to clear the table of all the dishes.**
저녁 식사 후에는 모든 접시를 치워야 합니다.
앺f떨r딘얼r 위앱v루클리얼r 더테이블럽v얼ㄹ더디쉬z즈.

EI-0615

**We pile up the dirty dishes in the sink.**
싱크대에 더러운 접시를 쌓습니다.

03

위팔렆더덜r디디쉬z진th더씽ㅋ.

EI-0616

**Dan scrapes the leftover food into the bowl to give to our chickens.**

댄은 남은 음식을 그릇에 긁어 담아 우리 닭들에게 줍니다.

댄쓱뤠잎쓰덜레f뜰오v뷜rf뜰인투더볼루깁v루알r춰인.

EI-0617

**For some dishes, it's best to soak them in hot, soapy water to get the food off.**

일부 접시의 경우 뜨거운 세제 물에 담가 음식 잔여물을 제거하는 것이 가장 좋습니다.

f뽈r썸디쉬z즈 잇츠베씉루쏙음인할 쏲이워럴r루겟더f뜰엎f.

EI-0618

**I use a sponge to scrub the dishes clean.**

나는 스폰지를 사용하여 접시를 깨끗이 문질러 닦습니다.

아유z저쑈언쥐루쓱뤕더디쉬z즈클린.

EI-0619

**My son likes to help load and unload the dishwasher.**

제 아들은 식기세척기를 싣고 내리는 것을 돕는 것을 좋아합니다.

마썬(을)랔쓰루헲(을)롣앤 언(을)롣더딧쉬셜r.

EI-0620

**The dishwasher sterilizes the dishes by using really hot water and steam.**

식기세척기는 매우 뜨거운 물과 증기를 사용하여 식기를 살균합니다.

th더딧쉬셜r쓭어뤌라이z지z즈더디쉬z즈바유z징륄리핱워럴r앤쓭임.

EI-0621

**If something can't go in the dishwasher or if it's full,**

**Dan and I will do the dishes, or wash them by hand.**
식기세척기에 들어갈 수 없거나 가득 찬 경우 댄과 제가 손으로 설거지를 할 것입니다.
잎f썸띵캔고인더디쉬워셔올r 이f뻍츠f뻘ㄹ, 댄앤알ㄹ두더디쉬zㅈ, 올r워쉬듬바핸.

EI-0622

**I squirt some soap onto the sponge.**
나는 스펀지에 세제를 조금 뿌린다.
아쓱월r썸쏲언투더쓮펀쥐.

EI-0623

**Dan puts the dishes on the rack to dry.**
댄은 건조를 위해 선반에 접시를 놓습니다.
댄픗츠더디쉬z젼더뤸루듀롸이.

EI-0624

**We stack the plates on the shelf.**
선반에 접시를 쌓습니다.
위쓭액더플레잍쳔더쉘fㅃ.

EI-0625

**We sort the silverware in the drawer.**
우리는 서랍 속의 은그릇을 분류합니다.
위쏠rth더씰v뷜r웨얼r인th더듀뤄얼r.

EI-0626

**We hang up the towel when we are done.**
작업이 끝나면 수건을 걸어둡니다.
위행엎더타(을)ㄹ 웬월r던.

EI-0627

**My mom always told me that it's always best if you clean as you go, meaning that as you cook or make a**

# 03

**meal, you immediately clean up after you finish doing something.**
우리 엄마는 항상 바로 청소하는 것이 가장 좋다고 말씀하셨습니다. 요리를 하거나 식사를 할 때 곧 바로 청소하는 것을 의미합니다.
마맘얼웨z즈톨ㄹ미댓잇철뤠이z즈베씉 f뿨클린애z쥬고 민잉대리쥬큮올r멕어밀ㄹ 유임이덭(을)리클린엎 앱f떨r유f삔이쉬둥썸띤.

EI-0628

**I like to tidy my pantry so that I can easily find what I need next time I use it.**
다음에 사용할 때 필요한 것을 쉽게 찾을 수 있도록 식료품 저장실을 정리하는 것을 좋아합니다.
알락루타디마팬츄뤼 쏘댄앆인이z즐리f빠인 와라닏넥쓰탐아유z짙.

EI-0629

**I put away the leftovers so that we can eat them later.**
나중에 먹을 수 있도록 남은 음식을 치웠습니다.
아픝어웨이덜레v뻍오v뷜r 쏘댄윅낀읻음(을)레이럴.

EI-0630

**I squeeze the water out of the sponge so that it doesn't drip.**
스펀지에서 물이 떨어지지 않도록 짜줍니다.
아쓲윑z더워럴r아럽v더쓢언쥐 쏘댄읻더z즌듀륖.

EI-0631

**I wipe down the counters and appliances.**
카운터와 가전제품을 닦습니다.
아와잎단더카운털z잰엎(을)라이은씨z즈.

EI-0632

**I use the broom to sweep the crumbs up off the floor.**
나는 빗자루를 사용하여 바닥에서 부스러기를 쓸어 담습니다.
아유z즈더브룸루쒚더크뤔z접엎fth더f쁠로얼r.

EI-0633

**I mop the floor.**
나는 바닥을 닦는다.
아맢더f쁠로얼r.

EI-0634

**I dump the trash into the trash can.**
나는 쓰레기를 쓰레기통에 버린다.
아덤떠튜뤠쉰투더튜뤠쉬캔.

EI-0635

**Dan takes out the trash.**
댄은 쓰레기를 버립니다.
댄텍쌑th더튜뤠쉬.

EI-0636

**The last thing I'll do now is to pump some soap to wash my hands–then I'm done!**
이제 마지막으로 비누를 펌핑하여 손을 씻고나면 끝입니다!
덜라쓷띵알ㄹ두나이z즈루펌썸쏲루워쉬마핸z덴암던!

## 25. Top Phrasal Verbs

EI-0637

**At the end of the month, I have to add up all my purchases.**
월말에 모든 구매내역을 합산해야 합니다.
앳th디엔덥더먼th 아앱v루애덮얼ㄹ마펄췌씨z즈.

EI-0638

**He brings up sports in every conversation and she doesn't know what to say.**

# 03

그는 모든 대화에서 스포츠를 언급하고 그녀는 무엇을 말해야 할지 모릅니다.
히브륑z젚씂올r찐엡v위이컨v뷜r쎄이션앤 쉬더z즌노와루쎄이.

EI-0639

**She is going to blow up when she realizes that her friend lied to her.**

그녀는 친구가 자신에게 거짓말을 했다는 사실을 깨닫고 폭발할 것입니다.
쉬z즈건어블로엎 웬쉬뤼라z즈댓 헐f쁘렌(을)라이루얼r.

EI-0640

**I wonder how the story will end up. Will the characters fall in love? Will they be killed?**

이야기가 어떻게 끝날지 궁금합니다. 캐릭터들이 사랑에 빠질까요? 죽임을 당할까요?
아원덜r하더쓭오뤌ㄹ엔덮. 윌ㄹ더캐뤽털rz즈f뻘린(을)럽v? 윌ㄹth데비킬ㄷ?

EI-0641

**Don't forget to back up your computer so that you don't lose all your hard work!**

컴퓨터를 백업하는 것을 잊지 마십시오! 그렇지 않으면 열심히 한 작업을 잃을 수도 있어요.
던f뽈r겥투'배액엎열r컴퓨럴r 쏘댄유던(을)루z절ㄹ열r할rㄷ월rㅋ!

EI-0642

**Why did Dan show up at my door? Oh, he lives here.**

댄이 왜 내 문 앞에 나타났지? 오, 그는 여기 살지.
와디댄쇼엎앹마도얼r? 오힐립vz이얼r.

EI-0643

**Sometimes it's hard to keep up with the mail, bills and messages.**

때로는 우편물과 청구서 같은 걸 제때 보는 게 힘듭니다.
썸타임z짙츠할rㄷ루킾엎윈th더메일ㄹ, 빌z잰메씨쥐z즈.

EI-0644

**We get along with each other because we both like games.**
우리는 둘 다 게임을 좋아하기 때문에 서로 잘 지냅니다.
위겐얼렁윈th읻챠덜r 커z쥐본th(을)랔게임z.

EI-0645

**I don't agree with this article.**
이 기사에 동의하지 않습니다.
아던억뤼윈th디쌀r디클ㄹ.

EI-0646

**When you have two cats, you have to deal with a lot of cat fur.**
고양이 두 마리를 키울 때는 고양이 털과 사투를 많이 해야 합니다.
웬유앱투캣츠 유앱v루딜륀th얼라러캩f뻘r.

EI-0647

**My cats like to hang out with each other.**
내 고양이들은 서로 어울리는 것을 좋아합니다.
마캣츨랔루행앝윈th읻챠덜r.

EI-0648

**We have to check in at the hotel after 3pm and check out at 11am.**
오후 3시 이후에 호텔에 체크인하고 오전 11시에 체크아웃해야 합니다.
위앱v루췍낀앳th디오텔랩f떨r th뜨뤼피엠앤췍깐앳일렙v은에엠.

EI-0649

**He is filling out a job application.**
그는 입사 지원서를 작성하고 있습니다.
히z즈f뻴링앋어좝엎(을)리케이션.

# 03

EI-0650

**I can't figure out why my tree died so quickly.**
내 나무가 왜 그렇게 빨리 죽었는지 이해할 수 없습니다.
**아캔f삐결r앝와마튜뤼다읻쏘큄(을)리.**

EI-0651

**Olivia found out that Dan was really a woman.**
올리비아는 댄이 정말 여성스럽다라는 것을 알게 되었습니다.
**얼리v븨아f빤앝th댇댄웢z뤌리어웜언.**

EI-0652

**He's trying to cut down on sweets, especially chocolate chip cookies.**
그는 과자, 특히 초콜릿칩 쿠키를 줄이려고 노력하고 있습니다.
**히z즈튜롸너컽단언쉩치쓰페셜리챡컬릳칩크끼z.**

EI-0653

**You can always count on me to offer you tea when you visit my house.**
당신이 우리 집을 방문할 때는 언제나 제가 차를 대접해 줄 거라고 믿으세요.
**유킨얼ㄹ웨잊z카넌미루어f뻘r유티 웬유v븨z짙마하우쓰.**

EI-0654

**He didn't try on the shoes when he bought them.**
그는 신발을 살 때 신어보지 않았습니다.
**히딘튜롸언더슈z즈 웬히밭음.**

EI-0655

**Maybe if I keep on drinking coffee all night, I can finish my report.**
밤새도록 계속 커피를 마시면 보고서를 끝낼 수 있을지도 몰라.
**메비f빠킾언듀륑낑커얾f삐이얼ㄹ나잍 악킨f삔이쉬마뤼폴rㅌ.**

EI-0656

**Late last night, Dan broke into my hidden stash of chocolate.**
어젯밤 늦게 댄이 내가 숨겨둔 초콜릿을 훔쳐갔어.
(을)레일라쓰낱 댄브뤄인투마히든쓰태쉬업챡얼릩.

EI-0657

**Even though Dan is an adult, he got into Pokemon last week.**
댄은 성인이지만 지난주에 포켓몬에 빠졌습니다.
이v븐도앤z전어덜rㅌ 히같인투퐈임먼(을)라쓰윅.

EI-0658

**Last week I bumped into my college friend on the sidewalk. I can't believe I ran into him here!**
지난주에 나는 길에서 대학 친구와 우연히 마주쳤어요. 이 동네에서 그를 만나다니 믿을 수 없어요!
(을)라쓰윅아범틴투마컬릿f쁘뤤언더싸뒥. 악캔블립v 아뤤인투임이얼r!

EI-0659

**I decided not to apply for a visa because it's too expensive.**
너무 비싸서 비자를 신청하지 않기로 했습니다.
아디싸이딛낱투엎(을)라이 f뽀뤄v븨z자 커z짙츠투익쓰펜씹v.

EI-0660

**I looked for my cat's toys, and I found them under the piano.**
나는 고양이의 장난감을 피아노 아래에서 찾았습니다.
알륵f뽈r마캣츠토이z잰아f빤듬언덜r더퍤오.

EI-0661

**She told him that she decided to drop out of the**

03

**program because it was too hard.**
그녀는 프로그램이 너무 힘들어서 하차를 결정했다고 그에게 말했다.
쉬톨딤댄쉬디싸이딛루듀뢉아러더플r그램 버z짙웟z투할r.

EI-0662

**Dan made fun of Vanessa's new style. He laughed at her a lot.**
댄은 바네사의 새로운 스타일을 놀렸다. 그는 그녀를 보고 많이 웃었다.
댄메읻f뻐너v뷔네쌓z뉴쓷아일ㄹ. 힐랞f대럴럴랕.

EI-0663

**A good teacher will break down a complicated topic so that it's more understandable.**
좋은 선생님은 복잡한 주제를 더 이해하기 쉽게 나누어 설명할 것입니다.
어귿티쳐를브뤠단어캄플리캐이릳탚잌 쏘댄잇츠몰r언덜쓷앤더블ㄹ.

EI-0664

**Even though I was on a diet, I gave in when he offered me a cookie.**
다이어트 중인데도 그가 쿠키를 권하자 나는 참지 못하고 먹었어요.
이v븐th도아워z젼어다옡, 아게이v빈 웬이어f뻘r미어큐이.

EI-0665

**I called him an hour ago. Why didn't he call me back yet?**
나는 한 시간 전에 그에게 전화를 걸었는데 왜 아직도 전화해 주지 않지?
아컬ㄹ딤언아월r어고. 와딘니컬ㄹ미'배액옐?

EI-0666

**I came across a fascinating fact about Steve Jobs in his biography.**
스티브 잡스의 전기에서 흥미로운 사실을 발견했습니다.
아켐엌뤄써f쀄썬에이링f뼄밭쓷입v좝씬이z즈바오그뤠f삐.

EI-0667

**Dan is going through a hard time because he doesn't have any more coffee.**
댄은 더 이상 커피가 없어서 힘든 시간을 보내고 있습니다.
댄z즈공th뜨루어할r타임 커z지더z즌앱v애니몰r커엎f삐이.

EI-0668

**It was hard for me to get over the death of my oldest cat.**
제 가장 오래된 고양이의 죽음을 극복하는 것이 힘들었습니다.
이뤄z즈할rf뽈r미루겓오v뷜r더댇th어마올디쓰캣.

EI-0669

**After a long, busy day, he looks forward to playing the piano and relaxing his mind.**
길고 바쁜 하루를 보낸 후 그는 피아노를 치며 마음을 편안하게 하기를 고대합니다.
앺f떨r얼렁, 비z지데이, 힐틐쓰f뽀월r루플래잉더폔오 앤륄랙씽이z즈만.

EI-0670

**Dan is trying on this striped shirt.**
댄은 이 줄무늬 셔츠를 입어보고 있습니다.
댄z즈튜롸잉언디쓰튜롸잎셜rㅌ.

EI-0671

**Do you think that Dan will be able to get into this shirt? He used to fit into it 30 years ago!**
댄이 이 셔츠를 입을 수 있을 것 같나요? 30년 전에는 그것이 맞았지만요!
두유th띵댇댄(을)ㄹ비에이블루겓인투디쎨rㅌ? 히유z즈루f삗인투잍th떨r디열rz저고!

EI-0672

**Dan puts on a hoodie because it's a little chilly outside today.**
댄은 오늘 밖이 조금 쌀쌀해서 후디를 입습니다.

# 03

댄픈천어후디 커z짙쳘리를췰리앝싸읻투데이.

EI-0673

**He is late for work, so he's just going to throw on his hoodie and run out the door!**

그는 일에 늦었기 때문에 그냥 후디를 걸치고 문 밖으로 뛰쳐나갈 것입니다!

히z즐레읻f뽈r월rㅋ 쏘이z져쓰거너th뜨뤄언이z즈후디 앤뤈앝th더돌r!

EI-0674

**Dan has had on his hoodie all day even though it's spring.**

댄은 봄인데도 온종일 후디를 입고 있었다.

댄애z잳언이z주디얼ㄹ데이v븐th도잇씊륑.

EI-0675

**After wearing his hoodie all day, he is finally ready to take it off.**

하루 종일 후디를 입고 있다가 드디어 벗을 준비가 된 것이다.

앱f떨r웨륑이z주디얼ㄹ데이, 히z즈f빠늘리뤠디루텤끼렆f.

EI-0676

**Dan zips up his coat to get ready to go outside.**

댄은 코트 지퍼를 잠그고 밖으로 나갈 준비를 합니다.

댄z짚썹이z즈콭투겥뤠디루고앝쌑.

EI-0677

**He makes sure to button up his dress shirt carefully before his date with me.**

그는 나와 데이트하기 전에 드레스 셔츠의 단추를 조심스럽게 채운다.

히멬셜r루벋은엎잊z듀뤠셜r케f뻘리 비f뽈r이z즈데잍윋미.

EI-0678

**After buttoning it up, it's time to tuck in his shirt.**

단추를 채운 후 셔츠를 집어 넣을 차례입니다.
앺f떨r벋은잉이렆 잇츠탐루턲인잊셜rㅌ.

EI-0679

**It's warm this afternoon, so Dan decides to roll up his sleeves before going outside.**
오늘 오후는 따뜻해서 댄은 밖에 나가기 전에 소매를 걷어붙이기로 합니다.
잇츠월rㅁ디쌮f떨r눈, 쏘댄디싸읻z즈루롤렆잇쓸립vz즈 비f뽈r공앝쌑.

EI-0680

**Dan is really dressing up for this date!**
댄은 이 데이트를 위해 정말 차려입고 있어요!
댄z즈륄리듀뤠씽엎f뽈r디쓰데잍!

EI-0681

**Dan is dressed up like an annoying tourist.**
댄은 성가신 관광객처럼 차려입었습니다.
댄z쥬뤠쓷엎(을)랔언어노잉튜뤼쓷.

EI-0682

**Don't forget to bundle up before you go outside! Make sure you wrap up, it's cold out there!**
밖에 나가기 전에 짐 챙기는 거 잊지 마세요! 밖이 추우니 꼭 잘 두르세요!
던f뽈r겥투번들렆 비f뽈r유고앝쌑! 멕셜r유뤨엎 잇츠콜ㄹ닽th데얼r!

EI-0683

**When Dan got inside, it was so hot that he needed to strip down.**
댄이 안으로 들어갔을 때 너무 더워서 옷을 벗어야 했습니다.
웬댄갇인싸읻, 이러쏘핱댐이니릳루쓷뤄단.

EI-0684

**Dan wore his favorite shorts so much that now they**

03

**are completely worn out.**
댄은 자신이 가장 좋아하는 반바지를 너무 많이 입어서 이제는 완전히 닳았습니다.
댄월r이z즈f뻬v벋숄r쏘머취 댓나데얼r캄플맅리 월r낱.

EI-0685

**Dan slips on his shoes before going outside.**
댄은 밖으로 나가기 전에 신발을 신는다
댄슬맆썬이슈z즈 비f뽈r고잉앝싿.

EI-0686

**He quickly slips off his shoes every time he goes inside the house.**
그는 집에 들어갈 때마다 재빨리 신발을 벗는다.
히퀔(을)리슬맆썹v이z즈슈z즈엡v위이탐히고z진싸읻더하우쓰.

EI-0687

**Dan is lacing up his hiking boots and then he ties the laces into a double knot.**
댄은 등산화 끈을 묶은 다음 끈을 이중 매듭으로 묶습니다.
댄z즐레이씽엎이z즈하윅잉븓챈댄이타이z즈덜레이씨z진투어더블ㄹ낱.

EI-0688

**These are new boots so Dan needs to break them in for a few days.**
이것은 새 부츠이므로 댄은 며칠 동안 신어야 합니다.
th디z쟐뉴붗쏘 댄닏z즈루브뤤듬인f뽀뤄f쀼데이z즈.

EI-0689

**Dan kicks off his hiking boots after a long hike.**
댄은 긴 하이킹을 마치고 등산화를 벗습니다.
댄킥써f뻬z즈하윅잉븓z챏f떨r얼렁하윅잉.

EI-0690

**This shirt is a little too small. Dan needs to get it let out if he wants to wear it comfortably.**

이 셔츠는 좀 너무 작아요. 댄이 편하게 입으려면 수선을 해서 늘려야 해요.

th디셜r이z절리를투슴얼ㄹ. 댄니z즈루게릴레랕 f삐원츠루웨얼r잍캄f떠블리.

EI-0691

**Dan really likes these pants but they're too big. Maybe he will get them taken in.**

댄이 이 바지를 정말 좋아하는데 너무 커요. 아마도 그는 그것을 줄여야 할 것이다.

댄뤌리랔쓰디z즈팬츠 벋th데얼r투빅 메비힐ㄹ겥음텤끈인.

EI-0692

**After washing his favorite cat tank top, Dan folds it up carefully.**

댄은 좋아하는 고양이 탱크톱을 세탁한 후 조심스럽게 접습니다.

앺f떨r워쉉이z즈f쀄v벋캣탱탚, 댄f뽈ㄹz짇엎켈rf쁠리.

EI-0693

**Now that the video is finished, Dan hangs up his coat.**

이제 영상이 끝났으므로 댄은 코트를 걸어 놓습니다.

나대th더v븨디오z즈f삔이쉳, 댄행z젚이z즈콭.

EI-0694

**Dan puts away his coat in the closet.**

댄은 옷장에 코트를 집어넣는다.

댄픗처웨이z즈콭 인더클라z짙.

EI-0695

**Every morning, I wake up to my alarm clock or to my baby.**

매일 아침, 나는 알람 시계나 아기 소리에 눈을 뜬다.

엡v위이몰r닝, 아웨꺺루마얼람클랔올r투마베비

# 03

EI-0696

**I try not to doze off again and push snooze, but sometimes I do.**

다시는 졸지 않으려고 노력하고 알람 버튼을 눌러보지만 가끔은 졸기도 합니다.

아튜라이낱투 도z저f빼겐 앤푸쉬슨이zㅈ, 벋썸탐z자.

EI-0697

**I turn off my alarm clock when I wake up.**

일어나면 알람 시계를 끕니다.

아털r넓f마얼람클랔 웬아웨엎.

EI-0698

**I roll out of bed in the morning.**

저는 아침에 침대에서 구르다가 일어나요.

아뤌랕어벧 인더몰r닝.

EI-0699

**I'm so tired, I don't want to get out of bed.**

너무 피곤해서 침대에서 일어나고 싶지 않아요.

암쏘타얻, 아던원어게라러벧.

EI-0700

**I go into the bathroom and wash off my face.**

나는 화장실에 가서 얼굴을 씻는다.

아고인투더뱉th뤔 앤워셮f마f뻬이쓰.

EI-0701

**I wash the sleep out of my eyes.**

눈곱을 씻어낸다.

아워쉬더슬맆아러마아zㅈ.

EI-0702

**I put on some makeup to mask how tired I really am.**

나는 정말 피곤함을 감추기 위해 화장을 했다.

아픈언썸멕잎루매씈 하타얼r아뤌리엠.

EI-0703

**After I am finished, I put away my makeup.**
끝나고 화장을 지웁니다.
앺f떨r암f삔이쉰, 아픈어웨이마멕잎.

EI-0704

**I put in my contacts when I don't want to put on my glasses.**
안경을 쓰기 싫을 때 콘택트렌즈를 끼웁니다.
아픈인마칸택췐아던원어픈언마글래씨zㅈ.

EI-0705

**I need to brush my hair.**
나는 머리를 빗어야 한다.
아니루브러쉬마헤얼r.

EI-0706

**I take my hair out of braids, then I brush it out.**
땋은 머리를 빼낸 다음 빗질합니다.
아텝마헤얼r아러브뤠이zㅈ th덴아브뤄시랕.

EI-0707

**I tie back my hair with a hair tie.**
나는 머리끈으로 머리를 묶는다.
아탇'배액마헤얼r.

EI-0708

**I pull up my hair into a ponytail.**
나는 머리를 포니테일로 묶는다.
아플럺마헤얼r인투어폰이테일ㄹ.

# 03

EI-0709

**Let me tie my hair up.**

머리 좀 묶을게.

**(을)렘미타마헤얼엎.**

EI-0710

**I put the toothpaste on the brush to brush my teeth, then I spit out the toothpaste.**

칫솔에 치약을 묻혀 양치질을 한 다음 치약을 뱉어냈다.

**아픝th더툳패이쓭언더브뤄쉬루브뤄쉬마틷th덴아씊읻앝더툳패이쓭.**

EI-0711

**After I brush my teeth, I put back my toothbrush into the holder.**

양치질을 마친 후에는 칫솔을 홀더에 다시 넣었습니다.

**앺f떨r아브뤄쉬마틷th, 아픝'배액마툳브뤄쉰투더홀ㄹ덜r.**

EI-0712

**I pick out my clothes and get dressed.**

나는 내가 옷을 골라 입는다.

**아퓎앝마클로z잰겓듀뤠쓭.**

EI-0713

**I hang up my clothes when I am done wearing them.**

나는 옷을 다 입으면 걸어둔다.

**아행엎마클로z즈웬암던웨륑듬.**

EI-0714

**I pick up my baby from his crib.**

나는 아기 침대에서 아기를 들어 올립니다.

**아퓎엎마베비f쁘뤔이z즈크륍.**

EI-0715

**I heat up some water in a tea kettle.**
주전자에 물을 데웁니다.
아히렆썸워럴r인어티케를ㄹ.

EI-0716

**I pour out the water from the kettle into the teacup.**
나는 주전자의 물을 찻잔에 따른다.
아폴r앝더워럴rf쁘뤔더케를린투더티컾.

EI-0717

**I fill up my mug with hot tea.**
나는 뜨거운 차로 머그잔을 채운다
아f삘렆마먹윋th핫티.

EI-0718

**I whipped up some toast and melon for breakfast.**
나는 아침으로 토스트와 멜론을 잽싸게 만들었다.
아윞덮썸토슽앤멜런f뽈r브뤸f빠슽.

EI-0719

**I cut up some cantaloupe.**
나는 캔탈로프를 썰었다.
아커렆썸캔틀렆.

EI-0720

**I go over my plans for the day.**
나는 그날의 계획을 검토한다.
아고오v뷜r마플랜z즈f뽈r더데이.

EI-0721

**I have to wear a lot of hats so I need to stay organized.**
모자를 많이 써야 해서 정리정돈이 필요해요.
아앱v루웨얼라러햇소아니루슽에이올거나이즏.

EI-0722

**I have to head to work. I am heading out the door.**
일하러 가야 해요. 나는 문 밖으로 나가고 있다.
아앱v루핸루월rㅋ 암해딩앝더돌r.

## 26. Cleaning and Organizing

EI-0723

**I clean the floor in the bathroom.**
나는 화장실 바닥을 청소한다.
아클린더f뻘로얼r인더밷th뤔.

EI-0724

**I tidy up the kitchen table. I tidy up the coffee table in the living room.**
나는 식탁을 정리한다. 나는 거실에 있는 커피 테이블을 정리한다.
아이타이디엎더킷췬테이블ㄹ. 아타이디엎더커엎f삐이테이블린덜리v빙룸.

EI-0725

**I lock the front door.**
나는 정문을 잠근다.
알랔더f쁘뤈돌r.

EI-0726

**Did you lock the door?**
문을 잠갔나요?
딛율랔더돌r?

EI-0727

**I find my favorite mug for tea.**
내가 좋아하는 홍차 머그잔을 찾았다.

아f빤마f뭬v벋먹f뻘rEl.

EI-0728

I found the vacuum and broom in the closet. 옷장에서 진공청소기와 빗자루를 찾았어요.

아f빤더v뷁윰앤브룸인th더클라z짇.

EI-0729

**The floor is clean.**

바닥이 깨끗합니다.

th더f쁠롤rz즈클린.

EI-0730

**We painted the walls.**

우리는 벽을 칠했습니다.

위페인틴더월ㄹz즈.

EI-0731

**The ceiling is white.**

천장은 흰색입니다.

th더씰링z즈와잍.

EI-0732

**I sleep in the bedroom.**

나는 침실에서 잔다.

아슬맆인더벧룸.

EI-0733

**My family eats in the dining room.**

우리 가족은 식당에서 식사를 합니다.

마f뻼(을)리잍친더다이닝룸.

EI-0734

**The stove is in the kitchen.**

03

스토브는 부엌에 있습니다.
th더쓷옵vz진더킽췬.

EI-0735

**The couch is in the living room.**
소파는 거실에 있습니다.
th더카우취z진덜리v빙룸.

EI-0736

**We have two bathrooms.**
우리는 두 개의 욕실이 있습니다.
위앱v투밷th룸z즈.

EI-0737

**I sit on the couch.**
나는 소파에 앉아있다.
아씯언th더카우취.

EI-0738

**My book is on the coffee table.**
내 책은 커피 테이블 위에 있다.
마븍z전더커앞f삐이테이블ㄹ.

EI-0739

**A rug is small, and a carpet is big.**
러그는 작고 카펫은 크다.
어뤅이쓰멀ㄹ 앤어칼r펟츠빅.

EI-0740

**The lamp and bookshelf are beside the TV.**
램프와 책장은 TV 옆에 있습니다.
th덜램뺀븍쉘ㄹf알r비싸읻th더티v븨.

EI-0741

**I sit on a kitchen chair.**
나는 부엌 의자에 앉는다.
아씥언어킷췬췌얼r.

EI-0742

**We eat dinner at the kitchen table.**
우리는 식탁에서 저녁을 먹습니다.
위잍딘얼r앤더킷췬테이블ㄹ.

EI-0743

**Pillows, sheets, and a comforter are on my bed.**
베개, 시트, 이불이 내 침대 위에 있습니다.
필로z즈쉩z쨴어캄f뻘r러알r언마벧.

EI-0744

**I put my clothes in the dresser.**
나는 옷장에 옷을 넣었다.
아픔마클로z진더듀뤠썰r.

EI-0745

**The cabinet is above the sink.**
캐비닛은 싱크대 위에 있습니다.
th더캡이넛처법더씽ㅋ.

EI-0746

**I look in the mirror.**
나는 거울을 본다.
알륵인더미얼r.

EI-0747

**We need to clean the toilet, shower, and bathtub.**
화장실, 샤워실, 욕조를 청소해야 합니다.
위니루클린더토일렅샤월r앤밷th텁.

## 03

EI-0748

**The clothes are in the laundry basket. We put dirty clothes in the washing machine.**

옷은 세탁 바구니에 있습니다. 우리는 더러운 옷을 세탁기에 넣습니다.

th더클로z졀r인덜란듀뤼배쓰읻 위픝덜r디클로z진너워슁머쉰.

EI-0749

**I clean the floor with the broom and vacuum.**

빗자루와 진공 청소기로 바닥을 청소합니다.

아클린더f쁠롤r윋th브룸앤뷁윰.

EI-0750

**The picture is above the piano.**

사진은 피아노 위에 있습니다.

th픽쳘z저법v더펜오.

EI-0751

**The food is on top of the fridge.**

음식은 냉장고 위에 있습니다.

th더f쁟z전탚얻th더f쁘륀쥐.

EI-0752

**The plates are on the shelf.**

접시는 선반에 있습니다.

th더플레잇쳘r언더쉘ㄹf.

EI-0753

**The sheets are under the comforter.**

시트는 이불 아래에 있습니다.

th더쉳쯔얼r언덜r더캄f쁠r러.

EI-0754

**The broom is behind the laundry basket.**

빗자루는 세탁 바구니 뒤에 있습니다.

th더브룸z즈비안th덜란듀뤼배쓱읻.

EI-0755

**The laundry basket is in front of the broom.**
세탁 바구니는 빗자루 앞에 있습니다.
th덜란듀뤼배쓱읻z친f쁘뤈엎더브룸.

EI-0756

**The sink is between the shelf and the laundry basket.**
싱크대는 선반과 세탁 바구니 사이에 있습니다.
th더씽끼z즈빝윈더쉘ㄹf뺀덜란듀뤼배쓱읻.

EI-0757

**The shelf is beside the sink.**
선반은 싱크대 옆에 있습니다.
th더쉘ㄹf삐z즈비싿th더씽ㅋ.

EI-0758

**The shelf is next to the sink.**
선반은 싱크대 옆에 있습니다.
th더쉘ㄹf삐z즈 넥쓷투더씽ㅋ.

EI-0759

**The coffee table is near the couch.**
커피 테이블은 소파 근처에 있습니다.
th더커엎f삐이테이블리z즈니얼r더카우취.

EI-0760

**The coffee table is by the couch.**
커피 테이블은 소파 옆에 있습니다.
th더커엎f삐이테이블리z즈바더카우취.

EI-0761

**The soap is in the cabinet.**

비누는 캐비닛에 있습니다.
th더쏲이z진더캡늗.

EI-0762

**The soap is in the bottle.**
비누가 병 안에 있습니다.
th더쏲이z진더바틀ㄹ.

EI-0763

**The soap is inside the cabinet.**
비누는 캐비닛 안에 있습니다.
th더쏲이z진싸읻th더캡늗.

EI-0764

**The shirt is out of the dresser.**
셔츠가 옷장 밖으로 나왔습니다.
th더셜r이z즈아럽더듀뤠썰r.

EI-0765

**The shirt is outside the dresser.**
셔츠는 옷장 밖에 있습니다.
th더셜r이z잩싿th더듀뤠썰r.

EI-0766

**I am out of the car.**
나는 차에서 내렸다.
암아러th더칼r.

## 27. Common Health Questions

EI-0767

**Do you feel ok?**

괜찮으세요?
듀f삘로케이?

EI-0768

**Are you feeling ok?**
괜찮으세요?
얼r유f삘린옥케이?

EI-0769

**You don't look so good, do you feel ok?**
별로 안 좋아 보이는데 괜찮으세요?
유던륵쏘귿, 유f삘럭케이?

EI-0770

**I saw you fall, are you ok?**
넘어지는 걸 봤어, 괜찮아?
아써유f뻘ㄹ, 얼r육케이 ?

EI-0771

**Where does it hurt?**
어디가 아프니?
웨r더z짙헐rㅌ?

EI-0772

**Your stomach hurts? Where does it hurt? Can you show me?**
배가 아프니? 어디가 아프니? 보여 줄 수 있어?
유쓷엄억헐츠? 웨r더z짙헐rㅌ? 캔뉴쇼미?

EI-0773

**Do you want to sit down?**
앉으시겠습니까?
듀원어씯단?

# 03

EI-0774

**You look really pale, do you want to lie down?**
얼굴이 너무 창백해 보이는데, 누울래?
율륵륄리페일ㄹ, 듀원얼라이다운?

EI-0775

**You've had a headache all day? Have you taken anything for it?**
하루 종일 머리가 아프다고요? 뭘 좀 드셨나요?
윱v엘어핸엑얼ㄹ데이? v뷰텍끈앤이th띵f뽈r잍?

EI-0776

**That was a nasty fall, are you ok?**
심하게 넘어졌는데 괜찮으세요?
th대러z저네쓭이f뻘ㄹ, 유엌케이?

EI-0777

**Can you stand?**
일어설 수 있니?
캔뉴쓷앤?

EI-0778

**Can you walk?**
걸을 수 있습니까?
캔뉴웕?

EI-0779

**Can I bring you anything?**
가져다 드릴 것이 있나요?
캐나브륑유앤th띵?

EI-0780

**Would some soup and hot tea make you feel better?**
수프와 따뜻한 차를 마시면 기분이 좋아질까요?

으썸숲앤핫티멕유f삘ㄹ베럴r?

EI-0781

**I think I'm getting sick. Do I feel hot to you?**
병에 걸린 것 같아요. 내가 열이 있는 게 느껴지나요?
아th띵깜게링씩, 두아f삘ㄹ핫투유?

EI-0782

**Those flashing lights make me feel dizzy.**
그 번쩍이는 불빛은 나를 어지럽게 만든다.
th도z즈f쁠래쉉(을)라잍츠멕미f삘ㄹ디z지.

EI-0783

**I had the flu last week and I still feel a little woozy.**
나는 지난주에 독감에 걸렸고 아직도 약간 현기증이 난다.
아애더f쁠룰라쓰윅 앤아씉일ㄹf삘럴리를우z지.

EI-0784

**I took my medicine without eating, and now I feel nauseous.**
음식을 먹지 않고 약을 먹었는데 속이 메스꺼워요.
아틐마멘쓴윋앝이링, 앤나f삘ㄹ나셔쓰.

EI-0785

**I know I'm starting to get sick when I feel achy. It's like my whole body hurts.**
몸이 몸살이 느껴지면 아프기 시작한다는 걸 알아요. 마치 온몸이 아픈 것 같아요.
아노암씉알r딩루겟씩 웬아f삘레이키. 잇츨랔마홀ㄹ바디헐r츠.

EI-0786

**I always feel lethargic when I get the flu. I have no energy and I just want to sleep all day.**
나는 독감에 걸리면 항상 무기력함을 느껴요. 기운도 없고 그냥 하루 종일 자고 싶어요.

# 03

아얼ㄹ웨z즈f삘러th땈r쥌 웬아겓th더f쁠루. 압v노에널r쥐 앤아져쓰 원어슬맆얼ㄹ데이.

EI-0787

**I'm not going to be able to make it to your party. I'm feeling a little under the weather.**

나는 당신의 파티에 갈 수 없을 것 같아요. 몸이 좀 안 좋아요.

암낱건어비에이블루멬잍루열r팔r디. 암f삘린얼리를언덜r더웨덜r.

EI-0788

**I don't feel so hot, I think I need to go lie down.**

별로 덥지 않아서 누워야 할 것 같아요.

아던f삘ㄹ쏘핱, 아th띵까니루골라이단.

EI-0789

**I can't stop sneezing and I feel achy and dizzy. I think I'm coming down with something.**

재채기가 멈추지 않고 아프고 어지럽습니다. 무슨 병에 걸린 것 같아요.

악캔쓷앞쓴이z징앤아f삘레이키앤디z지. 아th띵깜커밍단윋썸th띵.

EI-0790

**I heard you've been sick, I hope you get well soon!**

아프다고 들었는데 빨리 낫길 바래!

아헐r듀빈씩, 아홒유겓웰ㄹ쑨!

EI-0791

**I'm sorry to hear you're sick. Feel better soon!**

몸이 아프시다니 유감입니다. 빨리 나아지세요!

암써뤼루히얼r열r씩, f삘ㄹ베럴r쑨!

EI-0792

**I have a headache. Can you turn the music off?**

머리가 아픈데 음악 좀 꺼주실 수 있나요?

앱v워햳액. 캔뉴턴더뮤z즮어f?

EI-0793

**If you have a fever, you should stay home.**
열이 있으면 집에 있어야 합니다.
f뿌앱v어f삐v뷜r, 유슈씉에이호오움.

EI-0794

**If you have blurred vision after hitting your head, you should go to the doctor.**
머리를 부딪힌 후 시야가 흐려지면 의사에게 가야 합니다.
f뿌애블럴rv븨z젼 앱f떨rㅎ히링열r핸, 유슈고루러닥떨r.

EI-0795

**A bee stung me on my arm, now I have swelling all the way down to my fingers.**
벌이 내 팔을 쏘았는데 지금은 손가락까지 부어올랐습니다.
어비씉엉미언마알rㅁ, 나압v쉘링 얼ㄹ더웨이단루마f삥걸z즈.

EI-0796

**I always have a stuffy nose in the springtime when the flowers bloom, so I take allergy medication.**
꽃이 피는 봄날에는 항상 코가 막혀서 알레르기 약을 먹습니다.
아얼ㄹ웨이z잽v어씉어f삐노z진더씊륑타임 웬더f쁠라월z즈블룸, 쏘아텝알럴r쥐멘케이션.

EI-0797

**I was sick last month and I feel better now, but I still have a cough.**
지난 달에 아팠고 지금은 나아졌지만 여전히 기침이 있습니다.
아워씩(을)라쓰먼th앤아f삘ㄹ베럴r나, 버라씉일랩v어커f.

EI-0798

**I have a sore throat and it hurts to talk today.**
목이 아프고 말을 할 때 아파요.
아애v붜쏠rth뜨뤈앤읻헐츠루텈루데이.

# 03

EI-0799

**I have a muscle cramp in my calf and it hurts to walk.**

종아리에 근육 경련이 있어 걸을 때 통증이 있습니다.

아앱v어머쓸ㄹ크뤰핀마캘ㄹf뺀읻헐r츠루웕.

EI-0800

**I have a family history of nut allergies. Nut allergies run in my family.**

나는 견과류 알레르기의 가족력이 있습니다. 우리 가족 모두가 견과류 알레르기가 있습니다.

아앱v어f쀄(을)리히쓭오뤼업v넡알럴r쥐z즈. 넡알럴쥐z즈뤈인마f쀄(을)리.

EI-0801

**I jammed my finger playing basketball.**

농구를 하다 손가락이 끼었다.

아쥄드마f삥걸r플래잉배쓲읻벌ㄹ.

EI-0802

**I sprained my toe in dance class.**

나는 댄스 수업에서 발가락을 삐었다.

아슾뤠인마토인댄쓰클래쓰.

EI-0803

**I twisted my ankle and now it's swollen.**

발목을 삐었더니 이제 부어오릅니다.

아트위쓷읻마앵클랜나잇츠스월른.

EI-0804

**I was running when I tripped in a hole and rolled my ankle. No more running for me!**

뛰다가 구멍에 걸려 넘어져 발목을 접질렸어요. 더 이상 달릴 수 없어요!

아워z즈뤄닝웬아튜륖딘어홀랜뤌ㄹ마앵클ㄹ. 노몰r뤄닝f뽈r미!

EI-0805

**When I was younger, I fell out of a tree and broke my arm.**

어렸을 때 나무에서 떨어져 팔이 부러졌습니다.

웬아워z정걸r, 아f뻴랕업v어튜뤼앤브뤜마알rㅁ.

EI-0806

**Dan tweaked his back when he tried to move the heavy box.**

댄이 그 무거운 상자를 옮기려 할 때 허리를 삐끗했어요.

댄튁디z즈'배액웬히듀롸이루뭅v더해v븨밬쓰.

EI-0807

**I was making dinner when I cut my hand with the knife.**

저녁을 만들고 있을 때 칼로 손을 베었어요.

아워z즈멬잉딘얼r웬아컽마핸윋th나잎f.

EI-0808

**My son tripped and skinned his knee, so I had to put a bandaid on it.**

제 아들이 넘어져서 무릎에 상처를 입어서 반창고를 붙여야 했습니다.

마썬튜륖앤슈인이z즈니, 쏘아앨루픋어밴데읻언잍.

EI-0809

**I was playing with my boys when I pulled a muscle in my leg. The doctor said I need to rest and not run for several weeks.**

내 아들들과 놀고 있을 때 다리 근육이 늘어났습니다. 의사는 몇 주 동안 쉬어야 하고 뛰지 말아야 한다고 말했습니다.

아워z즈플래잉윋마보이z즈웬아플ㄹ더머쓸린말렉. th더닥털r쎈아니루뤠쓷앤낫뤈f뻘쎕v뤌뤜쓰.

# 03

EI-0810

**I couldn't see in the dark and I stubbed my toe on the end of the bed.**

나는 어둠 속에서 앞을 볼 수 없었고 침대 끝에 발가락을 찧었다.

아크른씨인더달r깬아쓰텁마토언디엔업v더벧.

EI-0811

**I need to eat before I take my medicine or else I will feel nauseous.**

약 먹기 전에 밥을 먹어야 해요. 그렇지 않으면 속이 울렁거릴 거예요.

아니루잍비f뽈r아텤마멛쓴올r엘쓰알ㄹf삘ㄹ나셔쓰.

EI-0812

**The doctor said I need to take ibuprofen to help the swelling go down.**

의사는 붓기를 가라앉히기 위해 이부프로펜을 복용해야 한다고 말했습니다.

th더닥떨r쌘아니루텤아이뷰프뤄f쁜루헬ㄿ더스웰링고단.

EI-0813

**I feel hot, I think I need to take my temperature.**

더워요, 체온을 재야 할 것 같아요.

아f삘ㄹ할 아th띵까니루텤마템뼂쳘r.

EI-0814

**The doctor said I need to take it easy for a few days and then I will be back to normal.**

의사는 며칠간 안정을 취해야 정상으로 돌아올 것이라고 말했습니다.

th닥털r쌘아니루텤낕이z지f뽈r어f쀼데이z잰댄아윌ㄹ비'배앸투놀r멀ㄹ.

EI-0815

**When I had the flu, the doctor told me I had to get lots of fluids so that I would recover quicker.**

독감에 걸렸을 때, 의사는 더 빨리 회복하려면 수분을 많이 섭취해야 한다고 말했습니다.

**웬아핸더f쁠루 더닥털r톨ㄹ미아해루겔랏쳐f쁠루이z즈 쏘댄아욷뤼커 v뷜r쿼얼r.**

EI-0816

**The doctor told me to get a box of Kleenex so that I didn't sneeze and cough everywhere and get other people sick.**

의사는 내가 재채기나 기침을 여기저기서 하고 다른 사람들을 아프게 하지 않기 위해서 크리넥스 한 통을 사오라고 했습니다.

**th더닥톨ㄹ미루겔어밬써클리넥쓰 쏘댄아딘쓴이z잰커f쀝v위이웨얼r 앤겔아럴r핖(을)ㄹ씩.**

EI-0817

**I cut my finger and I need to get a Band-Aid.**

손가락을 베어서 반창고를 사야 해요.

**아컫마f삥걸앤아니루겔어밴데읻.**

EI-0818

**I really hope I don't have to get stitches for this cut. I hate needles!**

이 상처 때문에 바늘 꿰매는 일이 없었으면 좋겠어. 난 바늘이 정말 싫어.

**아뤌리홒아돈햅v루겔쓰팉취z즈f뿔r디쓰컫 아헤읻니를z즈!**

EI-0819

**When I broke my arm, I had to get a cast.**

팔이 부러졌을 때 캐스트를 해야 했어요.

**웬아브뤜마알rㅁ, 아해루겔어캐쓷.**

EI-0820

**My son doesn't feel well today, so I am going to make an appointment with his doctor.**

제 아들이 오늘 몸이 좋지 않아 의사와 약속을 잡을 예정입니다.

**마썬더z즌f삘ㄹ웰루데이, 쏘암건어멬언엎포인먼윋th디z즈닥털r.**

EI-0821

**I feel under the weather, I think I need to go to the doctor.**

몸이 좋지 않아서 병원 갔다 와야 할 것 같아.

아f삘런덜r더웨럴r, 아th띵까니루고루더닥털r.

EI-0822

**I think you should see the doctor, you've been sick for two weeks!**

의사를 만나야 할 것 같아요. 당신은 2주 동안 아팠어요!

아th띵뀨슏씨더닥떨r, 윱빈씩f뽈r투윅쓰!

## 28. Past Simple Phrases

EI-0823

**I studied last night.**

어젯밤에 공부했어요.

아쓷어딛(을)라쓰나잍.

EI-0824

**I practiced English yesterday.**

나는 어제 영어를 연습했다.

아프뤡티쓷잉ㄱ을잇쉬예쓷얼r데이.

EI-0825

**I learned so much from Philip's lesson!**

필립의 수업에서 많은 것을 배웠습니다!

알런쏘머취f쁘뤔f삘맆쓸레쓴!

EI-0826

**At 9pm, I studied for the test.**

밤 9시에 시험 공부를 했다.

앤나인피엠, 아쓷어딛f뽈r더테쓷.

EI-0827

**At 9pm, I was studying for the test.**
밤 9시에 나는 시험 공부를 하고 있었다.
앤나인피엠, 아워쓷어딩f뽈r더테쓷.

EI-0828

**I woke up early today.**
오늘은 일찍 일어났다.
아워엎얼리루데이.

EI-0829

**I was waking up early every day in the summer.**
나는 여름에 매일 일찍 일어났다.
아워z줴읶잉엎얼리 엡v위이데이인더썸얼r

EI-0830

**I drank my tea before work.**
나는 일하기 전에 차를 마셨다.
아듀뤵마티비f뽈r월rㅋ.

EI-0831

**I was drinking my tea while I worked.**
나는 일하면서 차를 마시고 있었다.
아워z즈듀륑낑마티 왈라웕rㅌ.

EI-0832

**When I was learning English, I studied every day.**
내가 영어를 배울 때, 나는 매일 공부했다
웬아워z즐런닝잉ㄱ을잇쉬, 아쓷어딛엡v위이데이.

EI-0833

**When I was drinking my tea, you called me.**

내가 차를 마시고 있을 때, 당신이 나를 불렀습니다.

**웬아워z즈듀링낑마티, 유컬ㄹ미.**

## 29. Computer Problems

EI-0834

**Thank you for calling The Computer Doctor, can you please hold?**

컴퓨터 닥터에 전화해주셔서 감사합니다. 잠시만 기다려 주시겠습니까?

**th땡뀨f뽈r컬링더컴퓨럴r닥털r, 캔뉴플리z졸ㄹ?**

EI-0835

**I'll make a call again.**

다시 전화 드리겠습니다.

**알ㄹ멕어컬러겐.**

EI-0836

**Thank you for calling The Computer Doctor, how can I help you?**

컴퓨터 닥터에 전화 주셔서 감사합니다. 무엇을 도와 드릴까요?

**th땡뀨f뽈r컬링더캄퓨럴r닥털r 학키나헲f쀼?**

EI-0837

**I'm calling about my computer. It won't turn on.**

컴퓨터 때문에 전화했어요. 안 켜져요

**암컬링밤마캄퓨럴r. 읻웡털r넌.**

EI-0838

**I have a theory about why your computer won't turn on and I want to test it out.**

손님의 컴퓨터가 켜지지 않는 이유에 대한 이론이 있는데 그것을 테스트하고 싶습니다.

압v어th띠오뤼받 와열r캄퓨럴r웡털r넌 앤아원어테쓰틴앝.

EI-0839

**And just to confirm, the computer is plugged in to a power source?**

컴퓨터가 전원에 연결되어 있는지 확인해주시겠습니까?

앤져쓰루컨f뻘rㅁ, th더캄퓨럴rz즈플럭딘루어퐐r쏠r쓰?

EI-0840

**Let's go ahead and check the power source to the computer.**

컴퓨터에 전원이 연결되어 있는지 확인하고 계속 해봅시다.

(을)렛츠고어핸앤췌더퐐r쏠r쓰루더캄퓨럴r.

EI-0841

**If it still won't turn on, then it's most likely a problem with the hard drive and you'll have to bring it in for repairs.**

그래도 켜지지 않으면 하드 드라이브에 문제가 있을 가능성이 높으며 수리를 위해 가져와야 합니다.

덴f삘츠쓷일ㄹ웡털r넌, th덴잇츠모쓷(을)랔(을)리어퐐r븜(프랍읆)윋 th더할r듀롸입v앤율랩v루브륑잍인f뽈r뤼페얼zㅈ.

EI-0842

**The good news is, your computer is covered under warranty, so it won't cost you anything to repair or replace it.**

좋은 소식은 컴퓨터에 보증이 적용되므로 수리하거나 교체하는 데 비용이 들지 않는다는 것입니다.

th더근뉴씨zㅈ, 열r캄퓨럴rz즈커v뷜r던덜r워뤈티, 쏘잍웡커쓷유앤이th띵루뤼페얼r올r뤼플레이씥.

03

EI-0843

**In case it doesn't work out with getting my computer to work today, I have a laptop I can use as a backup.**

오늘 컴퓨터를 작동시키는 데 문제가 해결되지 않는 경우 백업으로 사용할 수 있는 노트북이 있습니다.

인케이씉더z즌월r깥윈게링마캄퓨럴r루웕r루데이 아앱v얼랩탚아킨유z재z저배액엎.

EI-0844

**Thank you so much for helping me figure out what's wrong with my computer.**

내 컴퓨터에 무엇이 잘못되었는지 알아낼 수 있도록 도와주셔서 감사합니다.

th땡뀨쏘머취f뽈r헲잉미f삑결r왙 왓츠뤙윔마캄퓨럴r.

EI-0845

**No problem, happy to help.**

괜찮아요, 기꺼이 도와드리죠.

노퐐r븜(프뢈읆) 햎이루헬ㄹㅍ.

EI-0846

**If that doesn't work, we'll try something else. Don't worry, we'll get it straightened out.**

그래도 문제가 해결되지 않으면 다른 방법을 시도해 보겠습니다. 걱정하지 마세요, 우리는 그것을 바로 잡을 것입니다.

잎f댓더z즌월rㄲ 워튜롸이썸th띤엘쓰 던워뤼 윌ㄹ게릳쓷뤠잍은앝.

## 30. Asking for Directions

EI-0847

**Where is that?**

그곳이 어디니?

웨rzㅈth탵?

EI-0848

**Where do I go?**
어디로 가면 돼요?
월r두아고?

EI-0849

**I'm a new employee here. Where do I go?**
저는 이곳의 신입 사원입니다. 어디로 가면 돼요?
암어뉴임플로이얼r 월r두아고?

EI-0850

**How do I get there?**
그곳에 어떻게 찾아가면 됩니까?
하루아겐th델r?

EI-0851

**I haven't been to your house before. How do I get there?**
저는 전에 당신의 집에 가본 적이 없습니다. 어떻게 가야 하나요?
아앱v은빈루열r하우쓰비f뽤r 하루아겐th데얼r?

EI-0852

**Where is the paper for the copy machine?**
복사기 종이는 어디에 있나요?
월z즈더페잎얼rf뽤r더캎이머쉰?

EI-0853

**Can you tell me how to get to platform 6?**
6번 플랫폼에 어떻게 가는지 알려주실 수 있나요?
캔뉴텔ㄹ미하루겐투플랱f뽤rㅁ씩쓰?

EI-0854

**Where can I find the organic breakfast cereal?**
유기농 아침 시리얼은 어디에 있나요?

# 03 월r키나f뽠th디올게닠브뤩f뻐쓷씨뤌ㄹ?

EI-0855

**I'm looking for/trying to find Dr. Pepper's office.**
닥터 페퍼의 사무실을 찾고 있어요.
암(을)륔잉f뽈r 튜롸너f뽠닥떨r펲얼rz저f삐쓰.

EI-0856

**Can you help me find my classroom? It says the main building, room 324.**
내 교실 찾는 것 좀 도와줄래요? 본관 324호라고 되어 있어요.
킨뉴헬미f뽠마클래쓰룸? 잇쎄z즈더멘빌딩 룸th뜨뤼투f뽈r.

EI-0857

**Do you mind pointing me in the direction of the exit?**
출구 방향을 가르쳐 주시겠습니까?
듀만포인띵미인더디뤸션엎디엑z짙?

EI-0858

**Where is room 302?**
302호실은 어디에 있습니까?
월z즈룸th뜨뤼오투?

EI-0859

**Go up to the 3rd floor and through the double doors, down the hall, and the classroom will be on your right.**
3층으로 올라가 이중문을 지나 복도를 내려가면 오른쪽에 교실이 있습니다.
고엎투더th떨rf뽈로얼r앤th뜨루더덥(을)ㄹ도얼z즈, 단더헐, 랜더클래쓰룸(을)ㄹ비언열r뢑.

EI-0860

**Excuse me, where can I find the organic breakfast cereal?**

실례합니다만 유기농 시리얼은 어디에서 찾을 수 있나요?
익쓰큐z즈미, 웕r키나f뽠th디올r게닠브뤸f뿩씨뤌ㄹ?

EI-0861

**The organic breakfast cereal is over on aisle 3, near the canned fruit, on the top shelf.**
유기농 시리얼은 통조림 과일 근처의 통로 3, 상단 선반에 있습니다.
th디올게닠브뤸f뿩씨뤌리z줘v뷜r언아일ㄹth뜨뤼 닐r더캔f쁘뤁 언 더탚쉘ㄹf.

EI-0862

**Can you help me find a good coffee shop?**
괜찮은 카페 좀 알려주실래요?
킨뉴헬미f뽠어귿커엎f삐이샾?

EI-0863

**To get to my favorite coffee shop, head down the street for a couple of blocks. You can't miss it.**
제가 가장 좋아하는 카페에 가려면 길을 따라 두어 블록 내려가세요. 찾을 수 있을 거에요.
투겥투마f뼤v벋커엎f삐이샾 해단더쓷뤼f뽈r어컾(을)러블랔쓰 유캔 미씉.

EI-0864

**Can you tell me which is the best way to the station, please?**
역으로 가는 길 좀 알려주시겠어요?
킨뉴텔ㄹ미위취z즈더베쓷웨이루더쓷에이션플릿z즈?

EI-0865

**To get to the elephants, we need to go through the primate exhibit, then turn left at the reptile house, then loop around the safari exhibit.**
코끼리를 보려면 영장류 동물 전시회를 통과한 다음 파충류 하우스에서 좌회전한 다음 사파리 전시회를 따라가면 됩니다.

# 03 투겐투디엘러f쁜츠 위니루고th뜨루더프롸이밑익z지빌 th덴텰r늘레f쁜앳더뤨타일라우쓰 th덴(을)룦어롼더써f빡뤽z지빌.

EI-0866

**Do you know where the park bathroom is?**

공원 화장실이 어디 있는지 아십니까?

유노월r더팕r벧th룸이z즈?

EI-0867

**To get to the bathroom, you need to follow the trail around the park, past the splash pad, right next to the merry-go round.**

화장실은 공원 주변 산책로를 따라가서 스플래시 패드를 지나 회전목마 바로 옆에 있습니다.

투겐투러밴th룸 유니루f빨로더튜뤠일러롼더팕 패쓷더쓿(을)래쉬팬롿넥쓰루더메뤼고롼.

EI-0868

**Your ticket says you are in section 105, row 12, seats J & K.**

귀하의 티켓은 105 구역, 12 열, J & K 좌석이라고 적혀 있습니다.

열r팈낏쎄z절r인쎅션원오f빡입v 뤄텔ㄹv 씯츠줴앤케이.

EI-0869

**So go up the ramp to 105, up the stairs to row 12, and about midway across/over the row, you will find your seats, J & K.**

따라서 경사로를 따라 105로 올라가고 계단을 올라 12 열로 올라가면 중간쯤에 J & K 좌석이 있습니다.

쏘고엎더뤰루원오f빡입v 엎더쓷데얼rz즈루뤄텔ㄹv 앤밭믿웨이앜뤄쓰 오v뷜r더뤄 율ㄹf뽠열r씥츠줴앤케이.

## 31. Invitation Accepted

EI-0870

**By any chance, can I borrow $10? I forgot my wallet.**
혹시 10달러를 빌릴 수 있나요? 지갑을 잃어버렸어요.
반니췐쓰 캐나바뤄텐달럴rz즈? 아f뽈r감마월릳.

EI-0871

**I would love to meet you for lunch. Let me check my schedule, but I think I can meet on Friday.**
점심 같이 하고 싶어요. 일정을 확인해 보겠습니다만, 금요일에 만날 수 있을 것 같습니다.
아울럽v루밑유f뽈런취. (을)렘미췍마쓱에듈ㄹ, 버라th띵까킨밑언f뽜롸데이.

EI-0872

**I think we're free this weekend, do you want to come over for a cookout?**
이번 주말에는 시간이 될 거 같은데 요리하러 올래?
아th띵월rf쁘뤼th디쒹낀, 두유워너컴어v뷜rf뽈r어큭앝?

EI-0873

**I can bring the whole family.**
온 가족을 데려올 수 있습니다.
아킨브륑더홀ㄹf뼴(을)리.

EI-0874

**I'll be at your party on Saturday. I can bring my kids and I'll pack some extra chairs and ice for the drinks.**
나는 토요일에 당신의 파티에 갈 게요. 아이들도 데려 갈 수 있고, 추가 의자와 음료용 얼음도 챙길게요.
알ㄹ비앤열r팔r디언쎄럴r데이. 아킨브륑마킫z잰알ㄹ팩썸엑쓰튜롸췌얼rz잰아이쓰f뽈r더듀륑쓰.

# 03

EI-0875

**We'll be at the park from 9-noon-ish, as long as it doesn't get too hot.**

우리는 너무 더워지지 않는 한 9시부터 대략 정오까지 공원에 있을 것입니다.

워비앨th더팔ㅋf쁘뤔 나인눈이쉬, 애z즐렁애z즬더z즌겔투핫.

EI-0876

**We're open the whole day, so we can come to the party for a couple of hours.**

하루 종일 열려 있으므로 몇 시간 동안 파티에 올 수 있습니다.

웕r옾은더홀ㄹ데이, 쏘위캔컴루더팔r디f뿔r어컾을라웕rzㅈ.

EI-0877

**I would love to come to your wedding!**

당신의 결혼식에 가고 싶습니다!

아울럽v루컴루열r웨딩!

EI-0878

**Thank you for inviting us. We'll be there.**

초대해 주셔서 감사합니다. 가겠습니다.

th땡뀨f뿔r인v봐이링어쓰. 윌ㄹ비데얼r.

EI-0879

**If you want to bring something to the cookout, bring your favorite dessert.**

무언가를 가져오고 싶다면 좋아하는 디저트를 가져오십시오.

f쀼원어브륑썸th띈루더큭앝, 브륑열rf쀄v벋디z졀rㅌ.

EI-0880

**But no pressure, I am sure we will have more than enough food!**

하지만 부담 갖지 마세요. 충분한 음식이 있을 거예요!

벋노프뤠셜r. 암셜r윌랩몰rth댄이너f쁟!

EI-0881

**You're welcome to bring your favorite beer to the cookout, but we will also have water, tea, and lemonade.**

좋아하는 맥주를 야외요리에 가져오셔도 되지만, 물, 차, 레모네이드도 준비되어 있습니다.

열r웰ㄹ껌루브륑열rf뻬v벌비얼r루더큭앝, 벋윌ㄹ얼ㄹ쏘햅v워럴r티앤(을)렘언에읻.

EI-0882

**Do you want to go to dinner with me on Saturday?**

토요일에 나랑 저녁 먹으러 갈래?

듀원어고루딘얼r윔미언쌔럴r데이?

EI-0883

**Are you free to come to the concert next weekend or should I ask someone else?**

다음 주말에 콘서트에 올 수 있어요? 아니면 다른 사람한테 물어볼까요?

얼r유f쁘뤼루컴투더컨썰r넥쓱끈올r슈라애쓱썸원엘ㄹ?

EI-0884

**I would love to go to the concert, however, I have to go to a wedding on Saturday.**

콘서트에 가고 싶지만 토요일에 결혼식에 가야 합니다.

아울럽v루고루더컨썰, 하웨v뷀r, 압v루고루어웨딩언쌔럴r데이.

EI-0885

**I can't make it to the cookout, but I would love to get together another time. How about dinner next Thursday?**

나는 야외요리에 갈 수 없지만 다른 시간에 함께 모이고 싶습니다. 다음 주 목요일 저녁은 어때요?

악캔멕잍루더큭앝, 버라울럽v루겥투게럴r언아덜r타임. 하밭딘얼r넥쓰th떨r쓰데이?

EI-0886

**Yeah, dinner next Thursday sounds good.**
네, 다음 주 목요일 저녁 식사가 좋을 것 같습니다.
예아, 딘얼r넥쓰th떨r쓰데이싼z즈귿.

EI-0887

**Let me know when and what time.**
날짜와 시간을 알려주세요.
(을)렘미노웬앤왓타임.

EI-0888

**Sorry you can't come to the concert but hopefully the wedding is a lot of fun!**
콘서트에 올 수 없어서 유감이지만 결혼식에서 좋은 시간 보내시길 바랍니다.
써뤼육캔컴루더컨썰 벋홒f쁠리더웨딩이z절라러f뻔!

## 32. Common Questions and Answers

EI-0889

**How long have you been learning English?**
영어를 배운 지 얼마나 되었습니까?
할렁유빈(을)럴r닝잉ㄱ을잇쉬?

EI-0890

**I have been learning English for six months.**
저는 영어를 배운지 6개월 됐습니다.
아빈(을)럴r닝잉ㄱ을잇쉬 f뻘r씩쓰먼z쯔.

EI-0891

**I have been learning English for a long time.**
저는 오랫동안 영어를 배우고 있습니다.
압v빈(을)럴r닝잉ㄱ을잇쉬f뻘r얼렁타임.

EI-0892

**I have been learning English since 2019 when I visited New York.**
저는 뉴욕을 방문한 2019년부터 영어를 배우고 있습니다.
아빈(을)럴r닝잉ㄱ을잇쉬 씬쓰투th따우z즌나인틴 웬아v비z지릳뇰r ㅋ.

EI-0893

**I have been learning English since elementary school.**
저는 초등학교 때부터 영어를 배웠습니다.
아빈(을)럴r닝잉ㄱ을잇쉬 씬쎌러멘튜츄뤼.

EI-0894

**I speak with a speaking partner each week to practice what I learn.**
나는 내가 배운 것을 연습하기 위해 매주 파트너와 이야기합니다.
아씁읶윋th어씁이낑팥널r잇취윅 루프뤸티쓰 와랄런.

EI-0895

**I travel to another country once a year to stay motivated to learn.**
나는 학습 동기를 유지하기 위해 일년에 한 번 다른 나라로 여행합니다.
아튜뤠v블루언아덜r칸튜뤼 원써이얼r루쓷에이 마디v붸이릳룰런.

## 33. Nighttime Routine

EI-0896

**Every night, we help the kids get ready for bed.**
매일 밤, 우리는 아이들이 잠자리에 들 준비를 하도록 돕습니다.
엡v위이나잍 위헲더키z즈겥뤠디f뿔r벧.

03

EI-0897

**After bedtime stories, we tuck in the kids.**
잠자리 이야기 후에 우리는 아이들을 재웁니다.
앱f떨r벧타임쓭오뤼zㅈ 위턱낀더키zㅈ.

EI-0898

**My son loves to snuggle up with his stuffed animals.**
내 아들은 인형을 껴안는 걸 좋아합니다.
마썬(을)럽vzㅈ루쓴어글렆윈이zㅈ쓭엎f댄이멀zㅈ.

EI-0899

**I am lucky that my son dozes off pretty quickly at night.**
나는 내 아들이 밤에 꽤 빨리 잠에 들어 운이 좋습니다.
암(을)럭끼댐마썬도z지z젚플r디쿽(을)리앤나잍.

EI-0900

**Before bed, I like to tidy up the kitchen.**
잠자리에 들기 전에 나는 부엌을 정리하는 것을 좋아합니다.
비f볼r벧 알랔루타이디엎더킨췬.

EI-0901

**I fill up a cup with water and place it by my bed.**
나는 컵에 물을 채워 침대 옆에 놓습니다.
아f삘렆어컾윈워럴r앤플레이씥바마벧.

EI-0902

**Don't forget to turn on the robot vacuum at night so your floors are clean in the morning!**
아침에 바닥을 깨끗하게 할 수 있도록 밤에 로봇 청소기를 켜는 것을 잊지 마십시오!
던f뻘r겓투털r넌더뤄볻v뷁윰앤나잍 쏘열rf쁠로얼rz쟐클린인더몰r닝!

EI-0903

**Dan brews up some herbal tea every night before bed.**
댄은 매일 밤 잠자리에 들기 전에 허브 차를 끓입니다.
댄브류z줩썸얼r블ㄹ티 엡v위이나잍비f뽈r벧.

EI-0904

**He drinks tea because he is trying to cut out beer.**
그는 맥주를 끊으려고 하기 때문에 차를 마신다.
히듀륑쓰티 커z지z즈튜롸인어컨앝비얼r.

EI-0905

**Dan puts away the dishes from the dishwasher.**
댄은 식기세척기에 있는 접시를 치웁니다.
댄픋처웨이더디쉬z즈f브뤔더디쒀셜r.

EI-0906

**I like to lie down on the couch at the end of a long day.**
나는 긴 하루가 끝나면 소파에 누워있는 것을 좋아합니다.
알락룰라이단언더카우췥디엔덥v얼렁데이.

EI-0907

**I read through an interesting book about Colorado.**
나는 콜로라도에 관한 흥미로운 책을 읽었습니다.
아뤧th뜨루언인텰r쓷잉븍밭컬러롸도.

EI-0908

**After the kids go to bed, we have time to chat about the day.**
아이들이 잠자리에 든 후, 우리는 그날에 대해 이야기할 시간이 있습니다.
앱f떨r더킫z즈고루벧 윕v탐루쵈어받더데이.

EI-0909

**I like to finish off my tea before it gets cold.**

# 03

나는 차가 식기 전에 다 마시는 것을 좋아한다.
알랔루f삔이셤마티 비f뽈r읻겟츠콜ㄹ.

EI-0910

**I tiptoed into the room because I didn't want to wake the sleeping baby.**
나는 잠든 아기를 깨우고 싶지 않아 발끝으로 방에 들어갔어요.
아팊토딘투더룸 커z자디른원어웨엎더슬맆잉베이비.

EI-0911

**At night, I take a shower and wash off my makeup.**
밤에는 샤워를 하고 화장을 씻습니다.
앤나잍 아텤꺼샤월r앤워셤마멬엎.

EI-0912

**I put on my favorite pajamas before bed.**
나는 자기 전에 내가 좋아하는 잠옷을 입는다.
아픈언마f뻬v벋퍼좜어z즈비f뽈r벧.

EI-0913

**I tossed my shirt into the laundry basket.**
나는 셔츠를 빨래 바구니에 던졌다.
아토씉마셜r딘투덜란듀뤼베쓱잍.

EI-0914

**I hang up my pants to wear again tomorrow.**
내일 다시 입으려고 바지를 걸어 놓습니다.
아행엎마팬츠루월r어겐틈아뤄.

EI-0915

**I spit out the toothpaste after I brush my teeth.**
나는 양치질 후 치약을 뱉어냅니다.
아쓽읻앝th더툳th페이쓷 앱f떨r아브뤄쉬마팉th.

EI-0916

**I take a sip of water to wash out the toothpaste from my mouth.**

나는 입에서 치약을 씻어 내기 위해 물을 한 모금 마신다.

아텍꺼쐽어워럴r루워샾더툳th페이쓭f쁘뤔마맏th.

EI-0917

**I brush through my hair at night so that it isn't so tangled when I wake up.**

잠에서 깼을 때 머리카락이 엉키지 않도록 밤에 머리를 빗어줍니다.

아브뤄쉬th뜨루마헤얼r앤나잍 쏘댇읻이z즌쏘탱글ㄹ 웬아웨잎.

EI-0918

**I take out my contacts.**

콘택트렌즈를 뺍니다.

아텍앝마칸택츠.

EI-0919

**I take off my glasses.**

나는 안경을 벗는다.

아텍엎f마글레씨z즈.

EI-0920

**Before I go to sleep, I turn off all the lights.**

잠들기 전에 모든 조명을 끕니다.

비f뽈r아고루슬맆 아털r넙f뻘ㄹ덜라잍츠.

EI-0921

**I get into bed at the end of a long day.**

나는 긴 하루가 끝나면 침대에 들어간다.

아겓인투벧앳디엔덥v얼렁데이.

EI-0922

**I like to curl up under the covers when it's cold or**

**stormy weather.**
나는 춥거나 폭풍우 치는 날씨에 이불 속에서 웅크리고 있는 것을 좋아한다.
알랔루컬렆언덜r더커v뷜zㅈ 웬잇츠콜ㄹ돌r쓭옮이웬th얼r.

EI-0923

**Sometimes Dan will nod off first, sometimes I will.**
댄이 먼저 고개를 끄덕일 때도 있고, 저도 고개를 끄덕일 때도 있습니다.
썸탐zㅈ댄(을)ㄹ낟엎f뻘쓷 썸탐z자윌ㄹ.

EI-0924

**When I'm exhausted, it doesn't take long for me to drift off.**
나는 너무 피곤하면 금방 잠이 들어요.
웬암익z져쓰틷, 잇더z즌텤(을)렁f뻘r미루듀뤼f뻗엎.

EI-0925

**If it's been a long, tiring day, we will all pass out by bedtime.**
길고 피곤한 하루였다면 우리는 모두 취침 시간에 곯아 떨어질 것입니다.
이f삣츠빈얼렁타어륑데이, 윌ㄹ얼ㄹ패쌑바벧타임.

EI-0926

**When kids are young, they like to sleep over at a friend's house.**
아이들은 어렸을 때 친구 집에서 자는 것을 좋아합니다.
웬지z절r영, th데일랔루슬맆오v뷜r앤어f쁘뤤zㅈ하우쓰.

EI-0927

**At sleepovers, kids like to stay up late, watching movies or playing games, and eating junk food.**
잠자리에서 아이들은 늦게까지 깨어 영화를 보거나 게임을 하고 정크 푸드를 먹는 것을 좋아합니다.
앳슬맆오v뷜rzㅈ, 키z즐랔루쓷에이엎(을)레잍, 워칭므v븨z졸r플레잉게임zㅈ, 앤이링졍ㅋf뿓.

EI-0928

**If you have a big decision, you should sleep on it and make the decision after a good night's rest.**
큰 결정이 있다면, 잠을 자고 숙면을 취한 후 결정을 내려야 합니다.
이f쀼햅v어빅디씨z젼, 유슈슬맆언읻 앤멬더디씨젼 앱f떨r어귿나읻츠 뤠슽.

EI-0929

**If you aren't feeling well, you need to sleep it off. You'll feel better after a full night of sleep.**
몸이 좋지 않다면 잠을 자야 합니다. 밤새 잠을 자면 기분이 좋아질 것입니다.
이f쀼안f삘린웰ㄹ, 유니루슬맆잍업f. 율ㄹf삘ㄹ베럴r앱f떨r어f쁠나잍 어슬맆.

## 34. Booking Tickets

EI-0930

**We should book tickets now.**
지금 표를 예약해야 합니다.
위슈븤틱낏츠나우.

EI-0931

**How far is it to the airport?**
공항까지 얼마나 멉니까?
하f빨r이z짙투디에얼r퐅?

EI-0932

**What time does the flight leave?**
비행기는 몇 시에 출발합니까?
웟탐더z즈더f쁠랕(을)립v?

# 03

EI-0933

**Will the departure be on time?**
제시간에 출발하나요?
윌ㄹ더디팔쳘r비언탐?

EI-0934

**We need to check in.**
우리는 체크인을 해야 해.
위니루췍인.

EI-0935

**We need to go to the check-in counter.**
우리는 체크인 카운터로 가야 해.
위니루고루더췍인카운털r.

EI-0936

**Where's the Delta check-in?**
델타 체크인은 어디에 있습니까?
웨rz즈더델타췍인?

EI-0937

**Hello, how are you today?**
안녕하세요. 오늘 기분은 어떠신가요?
헬로 활r유루데이?

EI-0938

**I'm wonderful. Thanks.**
멋집니다. 고마워요.
암원덜rf쁠ㄹ th땡쓰.

EI-0939

**How can I help you?**
무엇을 도와 드릴까요?
학킨아헲f쀼?

EI-0940

**I have a flight to Boston at 7:30.**

7시 30분에 보스턴행 비행기가 있어요.

압v어f쁠랕루바쓭은앳쎕v은th떨r디.

EI-0941

**Passport, please.**

여권 보여주세요.

패쓭퐅 플리zㅈ.

EI-0942

**Sure. Here you are.**

네. 여기 있어요.

셜r 히얼r열r.

EI-0943

**Good morning. Where are you flying today?**

좋은 아침입니다. 어디로 가실 건가요?

귿몰r닝. 웚r유f쁠라잉루데이?

EI-0944

**I'm on the 7:30 flight to Boston.**

7시 30분 보스턴행 비행기를 탑니다.

암언th더쎕v은th떨디f쁠랕루바쓭은.

EI-0945

**The 7:30 flight to Boston connecting in Detroit.**

디트로이트에서 연결되는 보스턴행 7시 30분 비행기입니다.

th더쎕v은th떨r디f블랕루바쓭은 컨넥팅인더튜로읻.

EI-0946

**The 7:30 flight to Boston, right?**

보스턴행 7시 30분 비행기죠?

th더쎕v은th떨r디f쁠랕루바쓭은, 롸읻?

03

EI-0947

**Yes, that's right.**
맞습니다.
이예쓰 th퇘츠롸t.

EI-0948

**Are you checking any luggage?**
수속할 짐이 있나요?
얼r유췌잉애닐럭깃쥐?

EI-0949

**Are you checking any bags?**
수속할 가방이 있나요?
얼r유췌긴앤백z즈?

EI-0950

**How many bags are you checking?**
몇 개의 가방을 수속하려고 하나요?
함니백z절r유췌인?

EI-0951

**Just one.**
하나만요.
져쒼.

EI-0952

**I'm checking two bags.**
가방 두 개를 체크인하려고요.
암췌낀투백z즈.

EI-0953

**Just a personal item and a carry-on.**
개인 물품과 기내 반입만 가능합니다.
져써펄쓴얼라이름앤어캐뤼언.

EI-0954

**How much does a second checked bag cost?**
두 번째 수하물 비용은 얼마입니까?
함취더z저쎅끈췤백커쓷?

EI-0955

**Please put your bag up on the scale.**
가방을 저울에 올려주세요.
플리z즈픝열r백엎언th더쓹에일.

EI-0956

**Sure.**
그러죠.
셜r.

EI-0957

**Sir, your bag is overweight. There's a fee for bags over 100 pounds.**
손님, 가방 무게가 초과되었습니다. 100파운드가 넘는 가방은 수수료가 있습니다.
썰r 열r백z줘v뷜r웨잍. th덜rz저f삐f뽈r백z줘v뷜r헌듀렌판z즈.

EI-0958

**How much is it over by?**
초과 무게는 얼마입니까?
함취z짙(하머치짇)오v뷜r바이?

EI-0959

**Can I pay with a card?**
카드로 결제할 수 있나요?
캐나페윈th어칼r?

EI-0960

**Do you have any of these items in your checked bag?**
수하물에 이러한 품목이 있나요?

# 03

두유햅v애니어th디z자이름z진열r췌백?

EI-0961

**Would you prefer an aisle or window seat?**

통로 또는 창가 좌석 중 어떤 걸 원하십니까?

웃유펄rf뻘r언아일올r윈도씰?

EI-0962

**I'll take an aisle seat.**

통로 쪽 자리로 하겠습니다.

알ㄹ텍언아일ㄹ씬.

EI-0963

**Here you are. Your boarding pass and passport.**

탑승권과 여권 받으시고요.

히얼r열r 열r볼r딩패쌘패쓰폴.

EI-0964

**You're in seat 37A and you'll be boarding through gate A14. The plane starts boarding at 7:30, so I suggest you hurry.**

당신의 좌석은 37A이고, A14 게이트를 통해 탑승할 것입니다. 비행기는 7시 30분에 탑승을 시작하니 서두르시는 게 좋겠어요..

열r인씰th떨r디쎕v은에이 앤열ㄹ비(유비)볼r딩th뜨루게잍에이f뻘r틴. th더플레인쓷알r츠볼r딩앳쎕v은th떨r디 쏘아써줴쓷유허뤼.

EI-0965

**Is there somewhere I can print my boarding pass?**

탑승권을 인쇄할 수 있는 곳이 있습니까?

이z즈덜r썸웨얼r 아킨프륀마볼r딩패쓰?

EI-0966

**Where is the security check?**

보안 검색대는 어디에 있습니까?

월rz즈더씩유뤼디췕?

EI-0967

**Are you traveling for business or pleasure?**
당신은 사업차 여행을 가는 건가요, 아니면 놀러 가는 건가요?
얼r유췌블링f뽈r비z즌어쏠r플래z졀r?

EI-0968

**Please remove all computers from your bag.**
가방에서 모든 전자기기를 꺼내십시오.
플리z즈뤼뭅v얼ㄹ캄퓨럴rz즈f쁘뤔열r백.

EI-0969

**All belts must be removed.**
모든 벨트를 제거해야 합니다.
얼ㄹ벨ㄹ츠머씉비뤼뭅v.

EI-0970

**Please remove your shoes.**
신발을 벗어주세요.
플리z즈뤼뭅v열r슈z즈.

EI-0971

**Do you have anything to declare?**
신고할 게 아무것도 없습니까?
두유햅v니th띵루딕(을)레얼r?

EI-0972

**When will the plane begin boarding?**
비행기는 언제 탑승을 시작합니까?
웬(을)ㄹ더플레인비긴볼r딩?

EI-0973

**What is your flight number?**

# 03

항공편 번호는 무엇입니까?
왇이z절rf쁠랕넘벌r?

EI-0974

**Do you have your passport?**
여권 있으세요?
듀햅v열r패쓰퐅?

EI-0975

**Boarding pass, please.**
탑승권 주세요.
볼r딩패쓰플리zㅈ.

EI-0976

**I have a connecting flight.**
연결 항공편이 있습니다.
압v어컨넥띵f쁠랕.

EI-0977

**Where is the transfer counter?**
환승 카운터는 어디에 있습니까?
웨rzㅈ더튜뤤쓸뻘r카운털r?

EI-0978

**How can I take a connecting flight?**
연결 항공편은 어떻게 이용할 수 있습니까?
하키나텍어컨넥팅f쁠랕?

EI-0979

**Which terminal should I go to take a flight to Boston?**
보스턴행 비행기를 타려면 어느 터미널로 가야 합니까?
윗취털r미늘ㄹ 슈라고루텍어f쁠랕루바씉은?

EI-0980

**I think I missed my connecting flight.**
연결 항공편을 놓친 것 같습니다.
아th띵까미쓷마컨넥띵f쁠랕.

EI-0981

**When is the next flight to Boston?**
보스턴으로 가는 다음 비행기는 언제입니까?
웬z즈더넥쓰f쁠랕루바쓷은?

EI-0982

**How long is the layover?**
경유 시간은 얼마나 걸리나요?
할렁z즈덜레이오v뷜r?

EI-0983

**Please return your seat and tray table to their upright position.**
좌석과 식사 테이블을 원래 위치로 되돌려 주십시오.
플리z즈뤼털rㄴ열r씯앤튜뤠이테이블루데얼r엎뢑포z지션.

EI-0984

**Can I get some more towels?**
수건을 더 받을 수 있나요?
캔아갯썸몰r타울ㄹz즈?

EI-0985

**Do you have a map?**
지도가 있습니까?
두유햅v어맾?

EI-0986

**Could I get a coffee, please?**
커피 한 잔 주시겠어요?

03

큰아게러커앞f삐이 플리z즈?

EI-0987

**Hi, can we have three coffees, please?**
안녕하세요, 커피 세 잔 주시겠어요?
하이, 캔위햅vth뜨뤼커앞f삐이z즈, 플리z즈?

EI-0988

**I'd like some coffee, please.**
커피 주세요.
앋(을)랔썸커앞f삐이, 플리z즈.

EI-0989

**Excuse me, could I get something to drink?**
실례합니다, 마실 걸 주문해도 될까요?
익쓰큐z즈미, 큳아겟썸th띵루듀륑ㅋ?

EI-0990

**Can you tell me where the luggage claim is?**
수하물 찾는 곳이 어디인지 알려주실 수 있나요?
캔뉴텔ㄹ미웚r덜럭읻쥐클레임이z즈?

EI-0991

**Where is the closest ATM?**
가장 가까운 ATM은 어디에 있습니까?
웨rz즈더클로z지씉에이티엠?

EI-0992

**How do I get to the subway station?**
지하철역까지 어떻게 가나요?
하루아겓투더썹웨이씉에이션?

EI-0993

**Can you tell me how to get to the metro station?**

지하철역까지 가는 방법을 알려주실 수 있나요?
**캔뉴텔ㄹ미하루겟투더멭튜뤄쓭에이션?**

EI-0994

**Can you tell me how I get to Grand Central?**
그랜드 센트럴에 가는 방법을 알려주시겠어요?
**캔뉴텔ㄹ미하아겟투그뤤쎈튜뤌ㄹ?**

EI-0995

**Excuse me. Can you tell me how to get to the museum?**
실례합니다. 박물관에 가는 방법을 알려주실 수 있나요?
**잌쓰큐z즈미. 캔뉴텔ㄹ미 하루겟투더뮤z지엄?**

EI-0996

**Which way to the bus stop?**
버스 정류장으로 가는 길은 어느 쪽이죠?
**윗췌이루더버쓰탚?**

EI-0997

**Where ya headed?**
목적지가 어디죠?
**웨r야해딛?**

EI-0998

**You can drop me here.**
여기에 내려 주시면 됩니다.
**유킨듀뢒미이얼r.**

EI-0999

**When is the next train?**
다음 기차는 언제 오나요?
**웬z즈더넥쓰튜뤠인?**

# 03

EI-1000

**What are the hours for the museum?**
박물관의 시간은 언제입니까?
와럴r디아월z즈f뽤r더뮤z지음?

EI-1001

**Which way to the elevators?**
엘리베이터로 가는 길은 어디입니까?
윗췌이루러엘러v붸이럴z즈?

EI-1002

**Is there a grocery store close by?**
근처에 식료품점이 있습니까?
이z즈델r어글r써뤼쓭오얼r클로z즈바이?

EI-1003

**You know where the grocery store is?**
식료품점이 어디 있는지 아세요?
유노웰r더글r써뤼쓭오얼이z즈?

EI-1004

**Excuse me. How much is this book?**
실례합니다. 이 책은 얼마입니까?
익쓰큐z즈미 함머취z즈디쓰븍?

EI-1005

**How much does it cost?**
얼마예요?
함취더z짙커쓭?

EI-1006

**How much does this beer cost?**
이 맥주의 가격은 얼마입니까?
함취더z즈디쓰비얼r커쓭?

EI-1007

**How much does something like this cost?**
이런 것들은 가격이 얼마입니까?
**함취더z즈썸th띤(을)락디쓰커쓷?**

EI-1008

**Do you have any Oolong tea?**
우롱차 있어요?
**두유햅v니울렁티?**

EI-1009

**Do you have this in a larger size?**
이거 더 큰 사이즈로 있나요?
**듀햅vth디씬얼랄r졀r싸이z즈?**

EI-1010

**Do you accept cash or credit cards?**
현금이나 신용 카드를 받습니까?
**두유엌쎕캐숄r크뤠딧칼rz즈?**

EI-1011

**Is there a good restaurant nearby?**
근처에 좋은 식당이 있습니까?
**이z즈데얼r어귿뤠쓷랑니얼r바이?**

EI-1012

**Check, please.**
계산할게요.
**췤, 플리z즈.**

EI-1013

**Hello, I have a reservation under Steve.**
안녕하세요, 스티브 이름으로 예약했습니다.
**헬로, 아앱v어뤠z졀v붸이션언덜r쓷입v.**

# 03

EI-1014

**Can I get a double bed?**
더블 침대를 얻을 수 있습니까?
킨아겐어더블ㄹ벧?

EI-1015

**Is breakfast included?**
아침 식사가 포함되어 있습니까?
이z즈브뤡f뻐슽인클루린?

EI-1016

**What time is breakfast served?**
아침 식사는 몇 시에 제공됩니까?
왓탐z즈브뤡f뻐슽썰rv븓?

EI-1017

**Can I order room service?**
룸서비스를 주문할 수 있습니까?
캐나올r덜r룸썰rv븨쓰?

EI-1018

**I'd like to order some room service.**
룸서비스를 주문하고 싶습니다.
앋(을)락루올r덜r썸룸썰rv븨쓰.

## 35 Useful Expressions

EI-1019

**Hey, come on, cut it out.**
이런, 그만해.
헤커먼커릳앝.

EI-1020

**Can I ask you something?**
뭐 좀 물어봐도 될까요?
키나캐쓱유썸띤?

EI-1021

**Well, you're right on time.**
딱 맞춰서 왔구나.
웰ㄹ열r롸언탐.

EI-1022

**Yeah, yeah, no traffic at all.**
차가 전혀 안 막혔어요.
예야, 노튜뤠f삑앤얼ㄹ.

EI-1023

**I'm just trying to familiarize myself with the strategies of the firm, that's all.**
난 그냥 이 회사의 전략에 대해 알고 싶을 뿐이에요.
암져쓰튜롸너f뻼일려롸z즈마쎌ㄹf삗th더쓸뤠어쥐z졉더f뻘rㅁ th탭철ㄹ.

EI-1024

**Well, you must just think I'm weird.**
내가 좀 이상하다고 넌 생각하겠지.
웰ㄹ, 유머쓰져쓰th띵깜위얼rㄷ.

EI-1025

**I can't tell you what a treat it is to have you girls here.**
여기 우리 딸들이 왔으니 얼마나 기쁜 일이냐.
악캔텔류왇어튜륃읻이z즈루해v뷰걸ㄹz지얼r.

EI-1026

**Oh, well, we're excited too.**

# 03

우리도 너무 기쁘네요.

오, 웰ㄹ, 월r잌싸이릳투.

EI-1027

**We'd all been drinking.**

우리 모두는 완전 취했었어.

윋얼ㄹ빈듀륑낑.

EI-1028

**Basically he told me to get over myself and just do it.**

자신을 이겨내려면 그냥 하면 된다고 그가 알려줬어.

베이z직(을)리히톨ㄹ미루겓오v뷜r마쎌ㄹf쀈져쓰두읻.

EI-1029

**So I thought about what you said and I thought about what he said.**

네가 말한 것도 생각해 봤고 그가 말한 것도 생각해 봤지.

쏘아th땉밭왇유쌘앤아th땉밭왇히쌘.

EI-1030

**You act like I betrayed you.**

내가 널 배신한 것처럼 넌 행동하네.

유액(을)랔까비튜뤠이릳유.

EI-1031

**Well, in a way you did.**

어떤 면에서는 그건 맞아.

웰ㄹ, 인어웨유딛.

EI-1032

**Well, you know these movies are offensive and uh, degrading to women.**

이 영화들은 너무 폭력적이고 여성을 비하하는 것들이야.

웰ㄹ, 유노th디z즈무v븨z잘r어f쀈씨v뷘어 디그뤠이딩루위민.

EI-1033

**So, I want to hear all about Chilton.**
그래서, 칠튼에 대해 모든 걸 듣고 싶어요.
쏘, 아원어히얼r얼러밭췰ㄹ은.

EI-1034

**I cannot believe the things I am hearing came out of your mouth.**
너의 입에서 나온 이 사실들을 난 믿을 수가 없어.
앜캔낟블립v더th띵z잠히륑 케맡열r맏th.

EI-1035

**So um, so what's up, you came to see me yesterday.**
무슨 일이야, 어제 날 보러 왔다며.
썸쏘왓z첩, 유켐루씨미예쓭얼r데이.

EI-1036

**That's what I kept telling myself.**
이것이 내 자신에게 계속 말하는 것들이야.
th댙츠와라켚텔링마쎌ㄹf.

EI-1037

**But you just reach a point where you can't live a lie anymore.**
거짓말하면서 더 이상 살 수 없는 지점까지 와버렸어.
벋유져쓰뤼쳐포인 웰r유캔(을)리v뷀라앤이몰r.

EI-1038

**Did you cheat on me?**
날 속인거야?
쥬췰언미?

EI-1039

**Well, I haven't actually started yet.**

# 03

글쎄요, 아직 시작도 안했어요.
**웰라햅v은액셜리쓷알읻옛.**

EI-1040

**Well, is she, is she the first that you've been with?**
그녀가 네가 만난 첫사랑이야?
**웰리쉬이쉬더ㄹ뻘쓷th댓유빈윋th?**

EI-1041

**Well, I've never told you this.**
너에게 말하지 않은 것이 있는데.
**웰랍v네v뷀r톨ㄹ듀디쓰.**

EI-1042

**But now I know I don't have a choice about this, I was born this way.**
나에겐 선택의 여지가 없어. 난 이렇게 태어난거야.
**번나아노아던앱v어쵸이쓰받th디쓰 아워z즈볼rㄴth디쒜이.**

EI-1043

**Ally, if I cheat, I'd lie about it, wouldn't I?**
앨리, 내가 속일려고 했다면 거짓말을 했겠지, 그렇지 않아?
**엘리, f빠칠앋(을)라어받읻 으른아이?**

EI-1044

**But the answer is no. I never cheated on you.**
아니야. 난 절대 널 속이지 않았어.
**번th디앤썰rz즈노. 아네v뷀r취릳언유.**

EI-1045

**I don't know what to say.**
뭐라고 말해야 할지 모르겠어.
**아런노왇루쎄이.**

EI-1046

**I'm, I'm still me.**
난 여전히 그대로야.
암암쓸일ㄹ미.

EI-1047

**Why couldn't you have just figured this out six years ago?**
어떻게 6년 전에는 이런 걸 미리 알지 못했을까?
와크른유앱v져쓰f삐결rth디쌑 씩셜rz저고?

EI-1048

**That's not a good color on you.**
그건 너에게 어울리지 않아.
th됄츠나러근칼럴r언유.

EI-1049

**Everything was going so well.**
모든 것이 잘되고 있었어.
엡v위이th띤워z즈공쏘웰ㄹ.

EI-1050

**I just want to tell you how sorry I am for ruining your wedding.**
내가 당신들의 결혼식을 망치게 해서 미안해한다는 걸 알려주고 싶었어.
아져쓰원어텔류 하써뤼아엠f뻐루이닝열r웨딩.

EI-1051

**Delicious coffee.**
커피 맛있어요.
딜리셔쓰커엎f삐이.

EI-1052

**When did you first become aware that you suffered**

03

**from a compulsive disorder?**
강박장애를 겪고 있다는걸 언제 알게 되었나요?
웬딛유f뻘쓷비컴어웨얼r th댑유써f뻴rf쁘뤔어컴펄ㄹ씹v디쏠r덜r?

EI-1053

**Kramer doesn't know anything. He's just my next-door neighbor.**
크레이머는 아무것도 몰라요. 그는 그냥 옆집 사람이에요.
크뤠이멀r더z즌노앤th띵 히져쓰마넥쓰돌r네이벌r.

EI-1054

**I am not prepared for this.**
난 이럴 줄 몰랐어.
암낱퍼페얼rf뻘r디쓰.

EI-1055

**Whenever I'm in a conference room meeting, I just shrink.**
회의실 미팅에 있을 때마다 난 그냥 졸아버려요.
웬에v뷀r암인어(아므느)칸f뻘r은쓰룸미딩, 아져쓰슈륑ㅋ.

EI-1056

**Max has told me everything about you.**
맥스한테서 얘기 많이 들었어요.
매쌔z즈톨ㄹ미엡v위이띤받유.

EI-1057

**Haley says that Dylan is a musician, and he writes some great songs.**
헤일리가 말하길, 딜런은 음악가이고, 훌륭한 곡을 짓는다고 하네요.
헤일리쎄z즈댇딜른z이져뮤z지션앤히롸잇썸그뤠잍쎵z즈.

EI-1058

**I don't think you did anything wrong.**

넌 잘못한 게 없어.
아런th띵뀨딛앤이th띤뤙.

EI-1059

**I don't believe this is just getting worse.**
정말 갈수록 태산이야.
아던블립v디씨z져쓰게딩월r쓰.

EI-1060

**I'm outta the picture.**
난 관계없는 사람이야.
암아러th더픽쳘r.

EI-1061

**And you left to find yourself, remember?**
당신이 자신을 찾겠다고 떠났잖아, 기억 안 나?
앤율레f쁜루f쫜열r쎌ㄹf뤰벌r?

EI-1062

**I was taught very well, Jack.**
그렇게 잘 배웠지요, 잭.
아워z즈탇v뷁뤼웰ㄹ쥏.

EI-1063

**You just tell him the truth.**
그냥 그에게 진실을 말해버려.
유져쓰텔림더튜룯th.

EI-1064

**I don't expect you to forgive me.**
나를 용서해 주기를 기대하지는 않아.
아런읶쓰펙유루f뽈r깁미.

# 03

EI-1065

**Yeah, yeah, I just came from practice.**

네, 방금 연습하다 왔어요.

예예아져쓰켐f뤔프뤡티쓰.

EI-1066

**My whole life ruined because I don't read Hello magazine.**

연예 기사 하나 안 읽은게 내 인생을 망칠 줄이야.

마홀라이f루읻커z자돈뤼헬로멕z진.

EI-1067

**Look at this, look at this, eggs out, coffee out, french fries out, BLT out!**

이것 좀 봐봐, 계란 없고 커피 없고 감자튀김 다 팔렸고 샌드위치도 없어!

(을)류앤th디쓰, (을)류앤th디쓰 엑z잩, 커얖f삐이앝, f쁘뤤취 f쁘롸이z잩, 비엘티앝!

EI-1068

**I thought I could handle this.**

난 해결할 수 있을거라 생각했어.

아th땁아크핸들ㄹth디쓰.

EI-1069

**We don't have anything in common.**

우리에겐 서로 공통점이 없어.

위던햅v앤th띵인카먼.

EI-1070

**In my house, we don't even talk to each other.**

저희 집에선, 대화조차 하지 않아요.

인마하우쉬던이v븐텈루이챠덜r.

EI-1071

**It would allow me to compose myself.**
마음을 가라앉힐 수 있었어요.
이루얼라미루컴포z즈마쎌ㄹf.

EI-1072

**It seems pretty simple to me.**
그건 나에게는 간단해 보여요.
잇씸z즈플r디씸뿔루미.

EI-1073

**He's been calling me for seven years. I've never called him once.**
그는 나한테 7년간 전화를 걸었지만 난 한 번도 그에게 전화한 적 없어.
히z즈빈컬링미f뽈r쎄v븐열z즈 압v네v뷜r컬ㄹ딤원쓰.

EI-1074

**Do they not teach that in law school these days?**
이런 건 요즘 로스쿨에서 안 가르쳐 주나요?
두데이낱티취댇인(을)러쓱끌th디z즈데이z즈?

EI-1075

**I'm not used to this, the whole big-family thing.**
전 이런 대가족에 익숙하지 않아요.
암낱유z즈투디쓰, th더홀ㄹ빅f뻼(을)리th띤.

EI-1076

**I don't understand why you spend time with this guy.**
난 네가 왜 이 사람과 시간을 보내는지 이해가 안가.
아던언덜r쓷앤와유씊앤탐윋th디쓰가이.

EI-1077

**You have to show damages.**
피해받은 걸 보여줘야죠.

# 03

유햅v루쇼댐쥐z즈.

EI-1078

**I was out of town. I just got back.**
밖에 나갔다가 방금 돌아왔어요.
아웠z아러탄아져쓰같'배액.

EI-1079

**Yeah. That's the truth.**
그건 진실이야.
예, th탵츠더튜룯th.

EI-1080

**Maybe I didn't want to talk to him.**
그와 그냥 말하고 싶지 않았어.
메비아린원어텈루힘.

EI-1081

**He's so self-involved.**
그는 남한테 관심이 없어.
히쏘쎌ㄹf삔v뷜ㄹ븓.

EI-1082

**Yeah, take my number.**
네, 내 번호 적어요.
예, 텡마넘벌r.

EI-1083

**I know it's silly, but.**
바보 같다는 거 알지만.
아노잇씰리벋.

EI-1084

**Jerry just walked in.**

제리가 지금 바로 들어오네요.

쥀뤼져쓰워딘.

EI-1085

**I'm a little nervous.**

조금 긴장되네.

암얼릴ㄹ널rv붜쓰.

EI-1086

**I just get insecure.**

난 그냥 좀 불안해.

아져쓰겐인썩켤r.

EI-1087

**This is actually a song I wrote for Haley.**

이 곡은 헤일리를 위해 실제로 지은 곡이에요.

th디씨z젝셜리어썽아뤝f뻐헤일리.

EI-1088

**No, thank you. I'm a fruitarian.**

괜찮아요, 전 과일만 먹는 사람이에요.

노th땡뀨 암어f쁘뤁티뤼언.

EI-1089

**She's got this killer confidence.**

그녀는 자신감이 넘쳤어요.

쉬z즈갇th디쓰 킬럴칸f삐든쓰.

EI-1090

**I also reminded them it's difficult when people change jobs.**

직장이 바뀌면 정말 힘들다고 난 그들에게 말해요.

아얼ㄹ쏘뤼만딛음 잇츠디f쀡클 웬핖(을)췌인쥐쟙쓰.

03

EI-1091

**Losing is something that happens to everyone.**
실패는 모두에게 일어나는 거잖아요.
(을)루z징이썸띤댑햎은z즈루엡v위이워ㄴ.

EI-1092

**Come on, Willie. Let's get sloshed.**
윌리씨, 오늘 맘껏 취해요.
커먼, 윌리. (을)렛츠겥슬라쉳.

EI-1093

**I shall find myself 30 years from now still sitting on this sofa.**
이러다가 30년 후에도 이 소파에 계속 앉아 있겠지.
아쉐엘f빤마셀ㄹf th떨디열즈zf뤔나우씉일씥잉언th디쏘f빠.

EI-1094

**I just had to seek professional help.**
전문가의 도움이 필요했어요.
아져쓰해루씩 플rf뤠션(을)ㄹ헬ㄿ.

EI-1095

**Yeah. I picked up this shirt here yesterday. It's completely shrunk.**
네. 어제 여기서 이 셔츠를 샀는데, 완전히 줄어들었어요.
야, 아픽덥디셝r히어예씉얼r데이. 잇츠컴플릳(을)리슈뤙ㅋ.

EI-1096

**Absolutely no way I can wear it.**
이 옷을 입을 방법이 없어요.
앱썰릍(을)리노웨아킨웨륕.

EI-1097

**I wanna show you something. May I?**

보여줄 게 있어요. 괜찮겠죠?
**아원어쇼유썸띤. 메아?**

EI-1098

**Wow. Thank God it's Friday, right?**
오늘 드디어 금요일이네요.
**우와우. th땡가앋잇츠f쁘롸데이, 롸?**

EI-1099

**You know my dad's coming in from Ohio.**
오하이오에서 아빠가 오세요.
**유노마댇z즈컴인인f뤔오하이오.**

EI-1100

**When did you bring it in?**
언제 가져온 건데요?
**웬딛유브륑읻인?**

EI-1101

**What's the difference? Look at it! Do you see the size of this shirt?!**
뭐가 달라요? 이 셔츠의 크기를 한번 보세요.
**웟츠더디f쀨r은쓰? (을)륵깬잍! 듀씨더싸이z져디셭r?!**

EI-1102

**You doing anything fun this weekend?**
주말에 재밌는 거 할 건가요?
**유둥앤th띵f뻔th디쒸앤?**

EI-1103

**You got a receipt?**
영수증 가져왔나요?
**유갇어뤼씯?**

# 03

EI-1104

**I can't find the receipt.**
영수증은 없어요.
**악캔f퐌더뤼씹.**

EI-1105

**We're just a little worried, honey. We get emails from you at your office at 2am.**
우린 정말 걱정이 된단다. 우린 너에게서 새벽 2시에 이메일을 받았어.
**월r져썰리를워뤼, 허니. 위겐이멜ㄹz즈f뤔유앤열r어f삐쌘투에엠.**

EI-1106

**My father heard it.**
제 아빠가 들었다고 해요.
**마f빠덜r헐딛.**

EI-1107

**What am I gonna do with this?**
이제 이걸 어떻게 해요?
**와램아건어두윋th디쓰?**

EI-1108

**Yes, but how do I know we did the shirt?**
네, 하지만 우리가 그 셔츠를 그렇게 했는지 어떻게 알죠?
**이예쓰, 버하두아노위딛th더셜r?**

EI-1109

**I wrote those e-mails.**
제가 그 이메일을 썼어요.
**아뤌th도z지멜ㄹz즈.**

EI-1110

**In fact, forget the money. I don't even want the money.**

사실 돈에 대해 말하는 게 아니에요. 돈을 바라는 건 아니에요.

**인f뻭, f뽈r겟더먼이. 아돈이v븐원th더머니.**

EI-1111

**Dad. You have to trust me.**

날 믿어줘요 아빠.

**댄. 유앱v루튜뤄쓷미.**

EI-1112

**I just once, I would like to hear a dry cleaner admit that something was their fault. That's what I want.**

전 그냥 한 번이라도 세탁소에서 자기 잘못이라고 말하는 걸 듣고 싶어요. 그게 다에요.

**아져쓰원쓰, 앋(을)랔루히얼r어듀롸클리닐r 얻밑th댐썸띤워z즈델rf뻘ㄹㅌ. th댙츠와라원.**

EI-1113

**I want an admission of guilt.**

전 잘못에 대한 시인을 원해요.

**아원언앰미션업길ㄹㅌ.**

EI-1114

**Being Miranda's assistant opens a lot of doors.**

미란다의 비서직은 많은 기회를 줄거에요.

**빙멀r앤더z저씨쓷은 옾쁜z졀라러돌z즈.**

EI-1115

**Dad, I swear. This is my break.**

아빠, 맹세코, 지금은 조금 쉬는 거예요.

**댄, 아쉐얼r. th디씨z즈마브뤸.**

EI-1116

**Hello, Miranda. My flight has been cancelled.**

여보세요, 미란다. 내 비행기가 취소되었어.

# 03

헬로, 멀r앤다. 마f쁠랕해z즈빈캔쓸ㄹ.

EI-1117

**Some absurd weather problem, I need to get home tonight.**
말도 안되는 날씨 때문이야, 오늘 밤 집에 도착해야 돼.
썸업썰rㄷ웨덜r퐐r븜(프랍읆), 아니루겓오움트낱.

EI-1118

**Well, listen. This has been great, but I'm officially wiped.**
오늘 재미있었는데 이젠 졸립다.
웰리쓴. th디쌔z즈빈그렐, 벋암어f삐셜리와잎ㄷ.

EI-1119

**Me too, we should get going.**
나도 가야겠다.
미투, 위슈겟고잉.

EI-1120

**Ally, It's a crime and it's immoral.**
앨리, 그건 범죄고 비도덕적이야.
앨리, 잇처크람앤잇침모뤌ㄹ.

EI-1121

**The twins have a recital tomorrow morning at school.**
우리 쌍둥이 연주회가 내일 아침 학교에서 있어.
th더튄z잽v어뤼싸이를틈아뤄몰r닝앤쓱끌ㄹ.

EI-1122

**Absolutely, let me see what I can do good.**
알았어요, 제가 한번 알아볼게요.
앱썰릍(읃)리, (읃)렘미씨와라캔드귿.

EI-1123

**C'mon you guys. I mean, look. It's only eleven thirty.**
얘들아, 지금 11시 30분 밖에 안됐어.
**커먼유가이zㅈ즈, 아민(을)륵. 잇츠오운리일레v븐th떨디.**

EI-1124

**Let's just talk. We never just hang out and talk anymore.**
이야기하자. 우리는 같이 시간 보내면서 얘기 잘 안하잖아.
**(을)렛츠져쓰턱. 위네v뷜r져쓰행앝앤텈앤몰r.**

EI-1125

**Hi, I know this is totally last minute.**
안녕하세요, 지금 (연락하기에) 너무 늦었다는 거 알아요.
**하이, 아노디씨z즈토를릴라쓰미닡.**

EI-1126

**But I was hoping that you can maybe get a flight for my boss from Miami to New York tonight.**
저희 사장님을 위해 마이에미에서 뉴욕으로 가는 비행기표를 준비해 줄 수 있나해서요.
**벋아워z즈훂잉댇 유큰메비겓어f쁠랕f뿔r마바쓰f뤔마애미루놀rㅋ(느욕)루낱.**

EI-1127

**I kind of like him.**
이 사람 괜찮은 거 같아.
**아카널랔임.**

EI-1128

**Well, you have been in our lives for nearly two months now.**
너 우리랑 거의 두달 동안 같이 지내 왔잖아.
**웰류빈인알라입vz즈f뿔r녈리투먼z쯔나우.**

03

EI-1129

**I mean, what do you like, what don't you like? We wanna know everything.**
뭐를 좋아하고 싫어하지? 다 얘기해줘.
아민, 와루율랔왇돈츌랔 위원어노엡v위이th띤?

EI-1130

**Nothing is flying out? what do you mean nothing is flying out?**
비행기가 안 뜬다니? 도대체 무슨 말인가요?
낟th띤z즈f쁠랑앝? 와루유민낟th띤z즈f쁠랑앝?

EI-1131

**This is your responsibility. This is your job.**
이건 네가 책임지고 해야 할 일이야.
th디씨z졀r뤄슾안써빌러티. th디씨z졀r좝.

EI-1132

**I know her pretty well, can I go?**
난 그녀를 잘 아니깐. 나 이제 가도 돼?
아노얼r플r디웰ㄹ 캐나고?

EI-1133

**Get me home.**
빨리 집에 가게 해줘.
겜미호오움.

EI-1134

**Oh my God. She is going to murder me.**
세상에. 그녀가 날 죽이려고 해.
오마가앋. 쉬z즈공루멀r덜r미.

EI-1135

**Ok, Julie, so now let's start with your childhood. What**

**was that like?**
줄리야, 어린 시절에 대해 얘기해 줘, 어땠어?
**옥케이, 쥴리, 쏘날렛츠쓷알윈th열r촬ㄹ훋 와러z즈댈락?**

EI-1136

**Well, in a nutshell..**
요점만 말하면..
**웰린어넏쉘ㄹ..**

EI-1137

**The girls' recital was absolutely wonderful.**
우리 애들의 연주회가 엄청 잘 끝났대.
**th더걸ㄹz즈뤼싸이를워z잽썰릍(을)리원더f뻘ㄹ.**

EI-1138

**Because sadly I was not there.**
왜냐면 슬프게도 난 그곳에 없었거든.
**빅커쌘(을)리아워z즈낟th델r.**

EI-1139

**Way to go, Ally. Thanks.**
앨리 축하해. 고마워.
**웨이루고엘리. th땡쓰.**

EI-1140

**Have you told your parents?**
너희 부모님께 이야기했어?
**해v뷰톨ㄹ열r패뤈츠?**

EI-1141

**No, but it'll be OK. They're pretty cool.**
아니, 괜찮을거야, 그들은 쿨하거든.
**노, 벋이를ㄹ비엌케이. th델r플r디쿨ㄹ.**

# 03

EI-1142

**Richard, look who's here.**

리처드, 누가 왔는지 보세요.

뤼쳘r, (읕)륵후z지얼r.

EI-1143

**Richard, can I speak with you for a second in private?**

리처드, 잠깐 따로 얘기 좀 할 수 있을까요?

뤼쳘r, 캐나쓮잌윋th유 f뽀뤄쎄껀인프롸v빁?

EI-1144

**You know what, I just have one more question.**

사실 묻고 싶은 질문이 하나 있어.

유노왇, 아져쌥v원몰r퀘쓰쳔.

EI-1145

**I don't think we should accept this client.**

이번 고객은 받지 않는게 좋겠어요.

아던th띵뀌슏엌쎕디쓰클라이언.

EI-1146

**I'm not comfortable representing him.**

그를 대변하는 게 편하지는 않아요.

암낫캄떠블뤼플rz젠닝힘.

EI-1147

**Julie's a talker, huh?**

줄리도 수다쟁이군.

쥴리z저텈얼r허?

EI-1148

**Your daughter's tall. Oh, I know. It's freakish.**

딸이 키가 정말 크다. 그러게요, 별나죠.

열r더럴z즈털ㄹ. 오아노. 잇츠f쁘뤄이쉬.

EI-1149
**It's gonna be a problem if we take his business.**
그 분의 일을 맡으면 좀 문제가 될거 같아요.
잇츠건어비어퐐r븜(프랍읆) f삐텍끼z즈비z즌쓰.

EI-1150
**Problem is a bleak word for challenge, Ally.**
문제라는 단어는 도전이라는 단어보다 부정적인 느낌이야, 앨리.
퐐r븜(프랍읆)z저블릭웕rf뽈r췔린쥐, 앨리.

EI-1151
**Hey, are you nervous?**
너 긴장돼?
헤이 얼r유널rv붜쓰?

EI-1152
**This account is a potential cash cow.**
이 거래처는 앞으로의 돈줄이거든.
th디써카운이z저 퍼텐셜ㄹ캐쉬카.

EI-1153
**You don't have to do the actual milking.**
그렇게 엄살떨 필요는 없어.
유던햅v루두디액셜ㄹ밀ㄹ낑.

EI-1154
**OK, how are you gonna handle it?**
좋아, 그럼 어떻게 처리할 건데?
엌케이, 할r유건어핸들맅?

EI-1155
**Maybe you should put it off.**
다음으로 미루는 건 어때?
메비유슌픋읻엎f.

# 03

EI-1156

**No, no. I don't want to put it off.**
아니, 미루고 싶지 않아.
노노. 아런원어픈잍엎f.

EI-1157

**No, I'm glad you did.**
아니, 잘했어.
노, 암글랜유딛.

EI-1158

**I spent last year being so unbelievably miserable.**
작년은 정말 비참하게 지내왔어.
아씊엔(을)라씨얼r빙쏘언벌리v뷝블리미z졀r블ㄹ.

EI-1159

**Now, now I'm actually happy.**
이제는 정말 행복해.
나, 놔암액셜리햎이.

EI-1160

**Well... No big deal.**
글쎄... 별거 아니야.
웰ㄹ... 노우빅딜ㄹ.

EI-1161

**I don't wanna mess it up.**
망치고 싶지 않아요.
아던원어메씨렆.

EI-1162

**I'll take a consideration as to whether or not we take on the client.**
그 고객을 받을지 말지 고려해 보겠습니다.

알ㄹ텝꺼컨씨더뤠이션애z즈루웨더올r낱 위텝언더클라이언.

EI-1163

**Bygones. Okay.**
지나간 일이잖아. 알겠어.
바이간z즈. 엌케이.

EI-1164

**Something amazing is about to happen.**
정말 어마어마한 일이 곧 생길거야.
썸띤엄에이z징z저밭루했은.

EI-1165

**Having a phone has finally paid off.**
전화기를 가진 게 보람이 있네요.
해v빙어f뽄해z즈f빠늘리페이렆f.

EI-1166

**Well, at least you have your new slogan.**
그래도 적어도 당신은 새로운 슬로건을 갖게 됐네요.
웰ㄹ, 엘리쓷유해v별r뉴슬로근.

EI-1167

**Um, is there any chance that you're rounding up?**
혹시 반올림한 건 가요?
엄, 이z즈델r앤쵄쓰댄열r롼딩엎?

EI-1168

**I feel I've lost the confidence of the office.**
그래도 적어도 당신은 새로운 슬로건을 갖게 됐네요.
아f삘랍v(을)러쓷더칸f삐든썹디어f삐쓰.

EI-1169

**Lorelai's the executive manager now. Isn't that**

03

**wonderful?**
로렐라이가 이제는 최고 관리자에요, 괜찮지 않나요?
(을)로뤌라이z즈디잌z젝큐맆v맨졀r나. 이z즌냇원더f쁠ㄹ?

EI-1170

**If you don't mind, I'd like to address all personnel at noon.**
괜찮다면, 12시에 전 직원에게 연설을 할까 해.
f뿌던만, 앋(을)랔루앤뤠썰ㄹ펄쓴넬랜눈.

EI-1171

**I'll circulate a memo.**
메모를 돌릴게.
알ㄹ써꼘렌어메모.

EI-1172

**Look, guys. I know it's a little steep.**
알아. 나도 그게 비싼 거 안다고.
(을)릌, 가이z즈. 아노잇철릴ㄹ쓷잎.

EI-1173

**Speaking of which, Christopher called yesterday.**
말이 나와서 말인데, 어제 크리스토퍼가 전화를 했어.
쓮잌낑어윗취, 크뤼쓷어f쀨r컬ㄹ예쓷얼r데이.

EI-1174

**Oh God. You should've seen his little face. He was so hurt.**
넌 그 사람 얼굴을 봐야 했어, 정말 상처받은 거 같아.
오가앋. 유슈릅v씬히z즐릴ㄹf뻬이쓰. 히워쏘헐rㅌ.

EI-1175

**Was it wrong for me? I just thought that he should know.**

내가 잘못한 거야? 그가 알아야 한다고 생각했어.

워z질뤙f뽈r미? 아져쓰th딸댇히슌노.

EI-1176

**You must take after him.**

너도 아빠를 닮거라.

유머쓰텍앺f떨r임.

EI-1177

**I'll go. You stay and keep your grandfather company.**

난 갈게. 넌 여기서 할아버지랑 시간을 보내.

알ㄹ고. 유씉에이앤킾열r그뤤f빠덜r캄펀이.

EI-1178

**What evidence is there that cats are so smart, anyway?**

고양이가 똑똑하다는 증거가 세상에 어딨어?

왇에v븨든쓰이z즈델rth댇 켓쳘r쏘슴알rㅌ, 앤웨이?

EI-1179

**Is this what it's gonna be like every Friday night?**

금요일 저녁에 올 때마다 이럴 건가요?

이z지쓰왇잇츠컨이빌랔엡v위이f쁘롸데이낱?

EI-1180

**So what are you gonna do?**

앞으로 어떻게 할거야?

쏘와럴r유건어두?

EI-1181

**I don't know. I can't think of any solution.**

모르겠어. 어떻게 해야 할지 모르겠어.

아던노. 암캔th띵꺼v뻰이썰루션.

# 03

EI-1182

**You're being very dramatic.**

넌 너무 과잉 반응하는 거야.

열r빙v붸뤼뎔r매딕.

EI-1183

**I'll send you home with some.**

집에 갈 때 좀 챙겨드릴게요.

알ㄹ쎈듀오움윋th썸.

EI-1184

**What happened outside that bathroom had absolutely no meaning at all until now.**

와랣은앝싿댇뱯th룸핻앱썰릍(을)리노민잉앤얼런틸ㄹ나.

EI-1185

**You have given it meaning.**

너는 그것에 의미를 부여했어.

윺v기v븐잍민잉.

EI-1186

**He talked to me and I talked back.**

그가 먼저 말을 걸었고 전 대답했고요.

히텈루미앤아텈'배액.

EI-1187

**Why do you pounce on every single thing I say? That's absurd.**

제 말에 왜 계속 꼬리를 무나요? 그건 말도 안돼요.

와이루유파운썬엡v위이씽글th띵아쎄이? th뎉첩설rㄷ.

EI-1188

**Ann bought five different kinds of fruit: oranges, apples, pears, bananas, and strawberries.**

앤은 다섯 가지 다른 종류의 과일을 샀어요. 오렌지, 사과, 배, 바나나, 딸기.

**앤바f빠디f뻘r은칸z져f쁘릍 :오r인쥐z앞(을)z즈펠r즈번에인어z잰쓸뤄베r이z즈.**

**EI-1189**

**There's nothing to tell.**

할 말이 없어요.

**th델z즈낟t띵루텔ㄹ.**

**EI-1190**

**It's just some guy I work with.**

같이 일하는 동료일 뿐이야.

**잇져썸가아월r퀸th.**

**EI-1191**

**Come on, you're going out with the guy.**

무슨 소리, 남자랑 데이트하고 있잖아요.

**컴언 열r공앝윋th더가이.**

**EI-1192**

**There's got to be something wrong with him.**

그 남자 어딘가 잘못된 게 분명해.

**th델z즈가러비썸th띤뤙윋th임.**

**EI-1193**

**So, does he have a hump? A hump and a hairpiece?**

그 사람 혹 있어? 혹도 있고 부분 가발도 쓰는 거야?

**쏘러z지햅v어험 어험뺀어헬r피쓰?**

**EI-1194**

**Wait, does he eat chalk?**

그 사람 이상해?

**웨잍더z지잍촉?**

# 03

EI-1195

**Just cause I don't want her to go through what I went through with Carl.**

제가 칼에게 겪은 일을 그녀가 겪지 않기를 바라기 때문입니다.

**져쓰커z자던원헐r루고th뜨루 왇아웬th뜨루윈th칼ㄹ.**

EI-1196

**Okay, everybody, relax. This is not even a date.**

다들 흥분할 거 없어. 이건 데이트도 아니야.

**얶케이, 엡v위이받이뤌렉쓰. th디씨z즈낱이v븐어데잍.**

EI-1197

**Sounds like a date to me.**

데이트 같은데.

**싼z즐랔어델루미.**

EI-1198

**Alright, so I'm back in high school,**

고등학교 때로 돌아갔는데,

**얼롿쌈'배액인하이쓖울ㄹ,**

EI-1199

**I'm standing in the middle of the cafeteria and I realize I am totally... naked.**

내가 식당 한 가운데 서 있는 거야. 그것도 완전히... 홀딱 벗고

**암씉앤딩인더믿(을)얿더카f삐티뤼어 앤아뤌라z자엠토들리... 네잌낀.**

EI-1200

**Oh, yeah. I've had that dream.**

나도 그런 꿈꾼 적 있어.

**오예아. 압v핻th댙듀륌.**

EI-1201

**Then, I look down and I realize there is a phone... there.**

그런데, 아래를 내려다 보니까 전화기가 있는 거야...

th덴, 알륵단앤아륄라zㅈth델rz저f뽄... th데얼r.

EI-1202

**Instead of...?**

다른 건..?

인쓷앤업v...?

EI-1203

**That's right.**

그렇다니까.

th댙츠랕.

EI-1204

**Never had that dream.**

그런 꿈은 안 꿔봤어.

네v뷜r핻th댓듀륌.

EI-1205

**All of a sudden, the phone starts to ring and it turns out it's my mother, which is very very weird becasue she never calls me.**

그런데 갑자기 전화가 울리기 시작하는 거야. 전화를 건 사람이 알고 보니 우리 엄마였어, 그게 정말 이상하단 얘기야. 엄마는 절대 전화를 안 하거든

얼러v붜썬은, th더f뽄쓷알r츠루륑 앤잍텰rㄴz잘잇츠마마덜r, 윈취v붸뤼v붸뤼위얼r빅커쉬네v뷜r컬ㄹzㅈ미.

EI-1206

**This guy says "hello", I wanna kill myself.**

얘가 안녕이라고 하면, 난 미쳐버리고 싶어.

th디쓰가이쎄zㅈ 헬로우 아원너킬ㄹ마쎌ㄹf.

# 03

EI-1207

**Are you okay, sweetie?**
괜찮아, 자기?
**얼유엌케이쓰윋이?**

EI-1208

**I just feel like someone reached down my throat.**
누군가가 내 목 속으로 손을 집어넣은 것 같은 기분이 들어.
**아져쓰f삘랔썸원뤼취단마th뜨뤌.**

EI-1209

**Cookie?**
쿠키 먹을래?
**큐이?**

EI-1210

**Carol moved her stuff out today.**
캐롤이 오늘 그녀의 물건을 뺐어.
**캐뤌ㄹ뭅덜r쓷어f빹터데이.**

EI-1211

**Let me get you some coffee.**
커피 좀 가져다 줄게.
**(을)렘미겐유썸커엎f삐이**

EI-1212

**Thanks.**
고마워.
**th땡쓰.**

## How to Pronounce the /ɹ/ Sound

There is no American ɹ sound in Korean. The /ɹ/ sound in "everyone" behaves similarly to a vowel because it's produced with minimal obstruction, has a smooth airflow, and transitions seamlessly between vowels. These characteristics make it sound more fluid, resembling vowel-like qualities despite technically being a consonant. The ɹ sound comes from the bottom of the throat and ends with 'wee' sound. So it should not be pronounced as the Korean 'ㄹ' sound. The ɹ sound in EVERYONE should sound like a vowel. Therefore it should sound like / ɛv-(ɹ)wee-wʌn/ to be correct.

Chapter 04

◆

# RECOMMENDED VIDEOS on YouTube

추천 비디오

VIDEO

# 04

'소리가 보이는 영어'에서 추천하는 유투브 비디오는 아래 4개입니다. 안드로이드 폰 구글플레이에서 '올댓허브'를 검색하시어 다운로드 받으시고 '소리가 보이는 영어' 목록에서 Chapter 4 부분에서 확인하시기 바랍니다. 강세와 발음을 표기해 놓았습니다. 먼저 스크립트를 익힌 후 동영상을 보시기 바랍니다. 적어도 각 Chapter는 100회~500회 이상 보셔야 효과가 좋습니다.

1. MEETING A NEIGHBOR WHILE TAKING A WALK
2. ELECTRONICS
3. BIRTHDAY PARTIES
4. DAILY LIFE